吉林财经大学资助出版图书

智慧税务与娱乐行业税收风险管理研究

曹 阳◎著

吉林大学出版社

·长春·

图书在版编目（CIP）数据

智慧税务与娱乐行业税收风险管理研究 / 曹阳著. --
长春：吉林大学出版社, 2022.10
ISBN 978-7-5768-0979-4

Ⅰ.①智… Ⅱ.①曹… Ⅲ.①娱乐业—税收管理—风险管理—研究—中国 Ⅳ.①F812.423

中国版本图书馆CIP数据核字(2022)第206051号

书　　名：	智慧税务与娱乐行业税收风险管理研究
	DEYU GONGZUO SHIJIAN ZHI RUHE DAZAO TESE BANJI WENHUA

作　　者：曹　阳
策划编辑：黄国彬
责任编辑：王　蕾
责任校对：甄志忠
装帧设计：林　丹
出版发行：吉林大学出版社
社　　址：长春市人民大街4059号
邮政编码：130021
发行电话：0431-89580028/29/21
网　　址：http://www.jlup.com.cn
电子邮箱：jdcbs@jlu.edu.cn
印　　刷：天津和萱印刷有限公司
开　　本：787mm×1092mm　　1/16
印　　张：8.5
字　　数：130千字
版　　次：2023年3月　第1版
印　　次：2023年3月　第1次
书　　号：ISBN 978-7-5768-0979-4
定　　价：58.00元

版权所有　翻印必究

基金项目：吉林省社会科学基金项目《吉林省减税降费政策效应评价研究》(2022C42)和吉林财经大学校级项目《智慧税务与娱乐行业税收风险分析》（2022YB009）。

序 言

近年来我国成功实施了一系列适应经济社会发展的税制改革,与税制改革相对应的机构改革也于2018年应声落地。税收风险管理逐渐成为国家特别是国税总局的重点关注对象,实行税收风险识别与防控的信息一体化将有利于维护税收工作秩序,促进经济发展,推动税收工作扎实服务供给侧结构改革。

本书对税收风险管理方面的国内外文献进行了简要概述,对税收风险研究的理论分析和国内外税务机关风险管理的现状进行了阐述,介绍了目前几种税收风险研究的理论,对国家的政策导向及国内外税收风险管理现状进行了简要捋顺。研究设计方面将征纳双方风险类型分为正常纳税、少缴税款和多缴税款三种类型,并认定少缴税款和多缴税款为税收风险。将企业税收风险分为三类,从企业税负指标、盈利能力、运营能力、成长能力和偿债能力中选取了五项指标,分别运用多分类支持向量机方法(SVM)和多分类Logistic回归对长春市大中型企业建立企业税收风险识别分类模型。结果表明,对于第1类正常纳税和第2类少缴税风险,SVM算法预测准确率高于Logistic模型的准确率,对于第3类多缴税风险,两种模型的识别准确率相当,总体上SVM算法在分类识别与预测上要优于Logistic模型。实际中可以结合两种方法,为企业防范和规避税收风险,实现安全的内部税收控制以及税务机关智能化风险识别和规避执法风险提供有价值的参考。

第1章阐述了新时期智慧税务发展的时代背景和意义,介绍了当前国内智慧税务建设的先进典型,指出了推进智慧税务面临的主要问题。给出数字型税务机关的概念并建立其架构,提出了可操作的建议措施。

第2章指出了本书选用的税收风险管理的定义,介绍了税收风险研究的背景和意义，对税收风险管理方面研究的国内外文献进行了简要概述。阐述了税收风险研究的理论分析和现状，以及目前几种税收风险研究的理论，对国家的政策导向及国内外税收风险管理现状进行了简要捋顺。

第3章指出了税收风险识别模型采用的研究方法、技术路线和本书贡献。研究设计方面将征纳双方风险类型分为正常纳税、少缴税款和多缴税款三种类型，并认定少缴税款和多缴税款为税收风险。给出了样本和指标选取情况，介绍了多分类Logistic回归模型，包括二分类和多分类情形。介绍了多分类SVM模型，包括线性可分和线性不可分情形。给出了两种方法在税收风险识别方面的结果，并对两种方法得到的结果进行了比较，提出了理论与政策建议。

第4章至第6章分别阐述了电子游戏行业、影视行业和网红直播行业的发展现状，当前产业链条的参与方及各方可能面临的税收风险点及原因分析，提出了切实可行的建议措施。

第7章结合我国税收风险管理现状和存在的问题，从企业开立、运行直至注销，提出了建立信息化税收风险管理系统的具体操作流程，并给出防范税收风险的政策意见与措施对策。

第8章针对国内新时期发展，对共同富裕的财税路径选择，"信用+风险"的税收治理方法和元宇宙语境下的财税政策进行了展望，以期为当前税收治理提供一些前瞻性的意见措施。

本书从税务机关纳税服务视角探讨了企业税收风险的防范对策，提出了包括建立统一的税收风险识别模型，完善的税收风险管理体系和统一的信息化平台等切实可行的措施，对于征纳双方更好地规避和防范税收风险提供有价值的参考。所述内容的实施和推广一方面有助于基层税务机关开展税收风险识别工作，为税务机关开展信息管控税收风险打下坚实基础，起到促进各行业税收管理的规范化和精细化作用；另一方面有助于税务机关辅助企业进行税收风险防范，企业可以运用该方法加强内部税收控制，防范自身潜在的税收风险。

目 录

第1章　新时期智慧税务发展进行时 ························· 1
  1.1　全面推行智慧税务的时代背景及重大意义 ················ 1
    1.1.1　全面推行智慧税务的时代背景 ····················· 1
    1.1.2　加快推进智慧税务的重大意义 ····················· 2
  1.2　智慧税务建设的先进典型 ···························· 4
    1.2.1　智能减税降费，释放惠民红利 ····················· 5
    1.2.2　区块链电子发票和电子发票逐步推广实施 ············ 6
    1.2.3　提升办税体验，增强纳税人获得感 ················· 6
    1.2.4　税收大数据驱动，智慧税务探索进行时 ············· 7
  1.3　推进智慧税务建设面临的主要问题 ···················· 8
    1.3.1　"非接触式"办税服务不够充分，内部平台繁多 ········ 8
    1.3.2　部门间信息没有互通互联，征税成本相对较高 ········ 9
    1.3.3　缺少顶层设计，联动协作不同频 ··················· 9
    1.3.4　数字经济税收征管亟待加强 ······················ 10
    1.3.5　智慧税务所需的复合型人才缺失 ·················· 10
  1.4　数字型税务机关的概念及架构 ······················· 11
  1.5　加快推进智慧税务建设的建议 ······················· 12
    1.5.1　简并征纳双方端口平台，纳税服务提质增效 ········· 12
    1.5.2　统筹规划建设，推动数据共享 ···················· 13
    1.5.3　积极争取资金，政企合力推进智慧税务建设 ········· 14
    1.5.4　强化风险管理部门作用，智能化按需服务 ··········· 14
    1.5.5　依托教育科研资源，引进技术和人才 ·············· 15

第2章 税收风险管理概述 16

2.1 税收风险管理的定义 16
- 2.1.1 税收风险的定义 16
- 2.1.2 税收风险管理的定义 17
- 2.1.3 税收风险与税务风险的区别 18

2.2 税收风险研究背景及意义 19
- 2.2.1 税收风险研究背景 19
- 2.2.2 税收风险研究意义 20

2.3 税收风险研究的国内外文献综述 21
- 2.3.1 税收风险研究的国内文献综述 21
- 2.3.2 税收风险研究的国外文献综述 24

2.4 税收风险分析理论研究 25
- 2.4.1 税收风险管理基本理论 25
- 2.4.2 税收风险应对理论 26

2.5 国家政策及导向 27
- 2.5.1 优化税源管理，稳步开展税收风险管理工作 27
- 2.5.2 内部控制风险管理理论 28
- 2.5.3 减税降费，多措并举减轻企业税费负担 29

2.6 国内外税务机关针对企业税收风险管理的现状 30
- 2.6.1 国内税务机关针对企业税收风险管理的现状 30
- 2.6.2 国外税务机关针对企业税收风险管理的现状 32

第3章 税收风险识别模型应用研究 34

3.1 研究方法和技术路线 34
- 3.1.1 研究方法 34
- 3.1.2 技术路线 34
- 3.1.3 创新点 35

3.2 征纳双方风险类型假设 36

目 录

　　3.3　样本和指标选取 ……………………………………… 37
　　　　3.3.1　样本选取 ………………………………………… 37
　　　　3.3.2　指标选取 ………………………………………… 38
　　3.4　回归模型构建 …………………………………………… 40
　　　　3.4.1　Logistic回归模型 ………………………………… 40
　　　　3.4.2　SVM回归模型 …………………………………… 41
　　3.5　两种模型税收风险识别结果比较 ……………………… 45
　　　　3.5.1　多分类Logistic回归结果 ………………………… 45
　　　　3.5.2　两种方法结果比较分析 ………………………… 46
　　3.6　结论与政策建议 ………………………………………… 47

第4章　电子游戏行业税收风险管理 ……………………………… 49
　　4.1　电子竞技发展概述及趋势 ……………………………… 50
　　　　4.1.1　传统体育逐渐向电竞转移过渡 ………………… 50
　　　　4.1.2　移动电竞市场地位稳步提升 …………………… 50
　　　　4.1.3　电竞俱乐部发展趋势呈现多元化 ……………… 51
　　　　4.1.4　行业有待进一步规范，相关扶持政策有待进一步出台 … 51
　　4.2　电竞行业收入来源及涉税风险点 ……………………… 51
　　　　4.2.1　游戏运营 ………………………………………… 52
　　　　4.2.2　赛事承办运营 …………………………………… 52
　　　　4.2.3　游戏媒体 ………………………………………… 54
　　4.3　相关政策建议 …………………………………………… 55
　　　　4.3.1　厘清政府职能和市场调节关系 ………………… 55
　　　　4.3.2　明晰俱乐部、电竞选手与直播平台之间的法律关系 … 56
　　　　4.3.3　税收优惠政策急需上线，打造积极的行业生态 … 57
　　　　4.3.4　电子竞技的税收管理应具有创新的理念与方法 … 58

第5章　影视行业税收风险管理 ····· 59

5.1 影视行业企业所得税问题的发展阶段 ····· 59
5.1.1 第一阶段：影视行业税务问题渐受关注 ····· 59
5.1.2 第二阶段：影视行业逐渐成为税务稽查重点 ····· 60
5.1.3 第三阶段：影视行业税务监管形式愈加复杂 ····· 60

5.2 出现风险的原因分析 ····· 61
5.2.1 外部环境 ····· 61
5.2.2 内部因素 ····· 63

5.3 影视行业中不同主体涉税风险分析 ····· 64
5.3.1 明星个人 ····· 64
5.3.2 经纪公司 ····· 64
5.3.3 制片方与发行方 ····· 65
5.3.4 导演 ····· 65
5.3.5 娱乐公司 ····· 65
5.3.6 税务机关 ····· 66
5.3.7 检举人 ····· 66

5.4 影视行业企业所得税重点风险领域 ····· 67
5.4.1 "阴阳合同"下的偷税 ····· 67
5.4.2 《刑法》下逃避缴纳税款 ····· 69
5.4.3 虚开增值税专用发票 ····· 70

5.5 妥善识别与防范风险对策 ····· 70
5.5.1 宣传普及税收方面有关法律，增强法律意识 ····· 70
5.5.2 提高企业内部人员素质，科学决策 ····· 71
5.5.3 妥帖调整业务结构，完善税收洼地的税收优惠政策 ····· 71
5.5.4 遵守行业规范，促进影视行业高质量发展 ····· 72

第6章　网红直播行业税收风险管理 ····· 73

6.1 网红直播行业发展概述及趋势 ····· 73

    6.1.1 网红直播行业发展及税收风险概述 …………………… 73

    6.1.2 网红直播行业税收管理概述 …………………………… 74

  6.2 网红直播产业链参与方与涉税风险分析 ………………………… 75

    6.2.1 品牌方及其涉税风险分析 ……………………………… 76

    6.2.2 直播营销平台及其涉税风险分析 ……………………… 77

    6.2.3 MCN机构及其涉税风险分析 …………………………… 78

    6.2.4 带货主播及其涉税风险分析 …………………………… 79

  6.3 直播带货税收风险问题的对策建议 ……………………………… 81

第7章 智慧税务背景下税收风险管理体系 83

  7.1 建立信息化税收风险管理系统 …………………………………… 83

    7.1.1 企业开立模块 …………………………………………… 83

    7.1.2 企业运行模块 …………………………………………… 83

    7.1.3 企业注销模块 …………………………………………… 85

  7.2 提出防范税收风险的政策意见与措施对策 ……………………… 86

    7.2.1 帮助企业完善税收风险内部控制制度，强化风险

         预防理念 ………………………………………………… 87

    7.2.2 建立税收风险识别的数据挖掘模型，及时发现惩戒

         不遵从行为 ……………………………………………… 87

    7.2.3 建立统一的税收信息化平台，确保风险管理有效实施 … 88

    7.2.4 加快"放管服"，充分利用各种方式做好税法宣传 …… 89

    7.2.5 加强内外监管，做到奖罚分明 ………………………… 89

第8章 新时期财税政策展望 90

  8.1 实现共同富裕的财税路径选择 …………………………………… 90

    8.1.1 文献综述 ………………………………………………… 91

    8.1.2 优化税制结构，精准定位高低收入群体 ……………… 92

    8.1.3 规避逆向选择风险，加强对隐蔽性税源的征管 ……… 93

  8.1.4 深化个人所得税制改革，营造先富带后富氛围 ……… 94
  8.1.5 加大减税降费力度，健全社会保障体系 …………… 96
 8.2 动态"信用+风险"的税收治理问题……………………… 96
  8.2.1 数字经济下税收治理现状及难题 …………………… 96
  8.2.2 优化税费服务体系的具体路径 ……………………… 98
 8.3 元宇宙时代的财税政策与网络安全问题探讨……………… 99
  8.3.1 元宇宙行业发展的各国现状 ………………………… 100
  8.3.2 国内外元宇宙相关政策及市场空间前景 …………… 103
  8.3.3 元宇宙相关领域存在的问题 ………………………… 104
  8.3.4 元宇宙时代背景下的财税与网络安全探讨 ………… 107

参考文献………………………………………………………… 109

附录……………………………………………………………… 118

后记……………………………………………………………… 121

第1章　新时期智慧税务发展进行时

2021年3月，中共中央办公厅、国务院办公厅印发的《关于进一步深化税收征管改革的意见》（以下简称《意见》）指出：要全面推进税收征管数字化升级和智能化改造，加快推进智慧税务建设。为推动《意见》落实落地，2021年8月、9月，各省纷纷出台关于进一步深化税收征管改革的实施方案或若干措施，从推进税收征管数字化升级和智能化改造、优化税务执法方式、提供高效智能税费服务等七个方面，明确了未来五年各省税收征管改革重点工作任务。其中在智慧税务方面，特别提出要打通政府各部门数据壁垒，深化与相关部门的数据共享，深入挖掘税收大数据资源。因此，顺应数字经济社会发展，充分依托大数据、区块链等技术手段，全面加快推进智慧税务建设迫在眉睫。

1.1　全面推行智慧税务的时代背景及重大意义

1.1.1　全面推行智慧税务的时代背景

庚子新春，一场猝不及防的新型冠状病毒导致的肺炎疫情从武汉暴发并向全国蔓延，同时，世界多个国家也发生了新型冠状病毒导致的肺炎疫情，尽管目前国内疫情已得到有效控制，但其带来的生活及工作方式的改变将成为未来一种常态化趋势。2020年10月，国际货币基金组织（IMF）表示，2020年全球经济增长率将下降4.4%。中国经济面临巨大下行压力，公共卫生应急能力、政府行政管理能力以及疫情后复工复产都面临巨大挑战。在党中央的坚强领导下，统筹谋划全社会力量积极应对，从现实结果看，在疫情发生期间，由于网络通信的有力支撑，数字商务、电子结算等便捷的现代服务，未出现取钞挤兑、拥挤囤货现象，国民生活基本有序，为有效开展疫情防控构筑了现实基础。但在行政管理领域，"数字政府"建设底层数据的互联互通相对滞后，疫情初期各方信息无法有效沟通共享，严重削弱了疫情政策的防控效率；而在此次疫情中，税务机关"数字化"程度准备不足，业务信息不衔接，无法实现相关涉税业务"非接触化"办理等问题应引起足够重视，特别是考虑到疫情过后，云办公、电子商务、线上教育等数字经济相关产业迅速崛起，税源主体不明确，税基发展同税制不匹配，企业业务模式、组织模式以及办税需求都会有较大的变化，基于税务机关现有的数字化水平显然无法承受数字经济带来的征收成本。因此，在面对疫情等突发状况下，为顺应数字经济社会发展，充分依托大数据、区块链等技术手段，全面推行智慧税务机关建设必须提到重要日程。

近年来我国成功实施了一系列适应经济社会的税制改革，与税制改革相对应的机构改革也于2018年应声落地。随着税收政策改革和国地税合并的完成，国家多措并举减税降费，优化税收干部队伍结构，在为纳税人提供良好营商环境的同时，也给税务机关带来了一系列的挑战，特别是"营改增"后，行业税目界定模糊、税率繁多、税款计算复杂、会计处理烦琐，税收优惠政策往往落实不到位，一些企业因未及时掌握相关税收优惠政策而多缴税费，为企业增加负担，导致征纳双方税收风险问题日益凸显。因此在智慧税务的体系内实行税收风险识别与防控的信息一体化将有利于维护税收工作秩序，促进经济发展，推动税收工作扎实服务供给侧结构性改革。

1.1.2　加快推进智慧税务的重大意义

中办、国办《意见》明确指出："建设以服务纳税人缴费人为中心、以发票电子化改革为突破口、以税收大数据为驱动力的具有高集成功能、高安全性能、高应用效能的智慧税务，深入推进精确执法、精细服务、精准监管、精诚共治"，为"十四五"时期高质量推进新发展阶段税收现代化确立了总体规划。这表明深化智慧税务建设已经上升成为国家意志，顶层设计的指导思想已经明确，其意义主要包括以下几个方面。

1.1.2.1 有利于精确执法，提高税务机关工作效能

从税务机关内部来看，金税三期平台日趋完善，数字人事记录着每一位税务工作人员日常的工作轨迹，内部组织机构成熟，分工细化，但仍存在一些具体涉税事务责任不清晰，发生问题互相推诿的情况。税务机关有必要从内部体制机构建设、信息化建设、干部队伍建设等方面，实现高效能的内部控制，不断完善信息化办公，减少内部系统平台，提高工作效率。《意见》提出，到2023年，基本建成"无风险不打扰、有违法要追究、全过程强智控"的税务执法新体系。无疑，推进智慧税务建设，不断完善税务执法制度和机制，严格规范税务执法行为，实现从经验式执法向科学精确执法转变，有利于不断提升税务执法精确度。

1.1.2.2 有利于精细服务，推动纳税服务提质增效

为进一步优化营商环境，近年来，各地税务机关针对辖区的税务管理工作开展了创新并且有针对性的服务。因大企业涉及的会计科目繁多，涉税方面有个性化需求，税务机关在不增加企业额外负担的情况下，根据企业发展情况提供涉税服务并及时提示税务风险。对中小企业，积极宣传相关减税降费政策，提高办税透明度，增强纳税人获得感。《意见》提出大力推行优质高效智能税费服务，构建"线下服务无死角、线上服务不打烊、定制服务广覆盖"的税费服务新体系。推进智慧税务建设，推行智能型个性化服务，不断拓展"非接触式""不见面"办税缴费服务，运用大数据精准推送税费优惠政策信息，实现从无差别服务向精细化、智能化、个性化服务转变，有利于维护纳税人、缴费人的合法权益，不断推动纳税服务提质增效。

1.1.2.3 有利于精准监管，提升税收征管现代化水平

中国税收征管经历了"经验管税"和"以票管税"两个时期，正在向"以数治税"时期迈进。《意见》提出要基本建成以"双随机、一公开"

监管和"互联网+监管"为基本手段、以重点监管为补充、以"信用+风险"监管为基础的税务监管新体系，实现从"以票管税"向"以数治税"分类精准监管转变。推动智慧税务建设，以发票全领域、全环节、全要素电子化改革为突破口，启动实施金税工程四期建设，持续拓展税收大数据资源，深入推进内外部涉税数据汇聚联通、线上线下数据有机贯通。在此基础上，通过法人税费信息"一户式"、自然人税费信息"一人式"智能归集，实现对同一企业或个人不同时期、不同税种、不同费种之间，以及同规模同类型企业或个人相互之间税费匹配等情况的自动分析监控。推动智慧税务建设，有利于加强数据资源的深度挖掘、智能分析和融合共享，不断提升税收征管现代化水平。

1.1.2.4 有利于精诚共治，实现税收治理现代化

随着"金税四期"税收征管系统建设阶段的开始，中国税收工作迈向全面系统集成的精准化、智能化、科学化的"智慧税务"治理新境界。《意见》提出不断完善税收大数据云平台，加强数据资源开发利用，持续推进与国家及有关部门信息系统互联互通。建成税务部门与相关部门常态化、制度化数据共享协调机制，依法保障涉税涉费必要信息获取；健全涉税涉费信息对外提供机制，打造规模大、类型多、价值高、颗粒度细的税收大数据，高效发挥数据要素驱动作用。完善税收大数据安全治理体系和管理制度。推动智慧税务建设，将持续深化拓展全社会税收共治格局，有利于推动实现税收治理现代化。

1.2 智慧税务建设的先进典型

从国内外研究和实行情况来看，智慧税务起源于国外，国外相关研究的角度也更加宽阔，而我国在智慧税务、税收信息化及其应用上，无论是理论研究还是实践经验，都与西方发达国家存在着一定程度的差距。然而，由于我国是发展中国家，西方多是发达国家，两者国情不同，发展速度、发展程度以及人才培养机制均存在较大差异，因此不能完全照搬西方

发达国家的经验,而要取其精华、弃其糟粕,取长补短。在建设智慧税务,实现税收现代化的工作中,我国各地税务机关通过不断摸索取得了一系列瞩目的成就。

1.2.1 智能减税降费,释放惠民红利

2017年,贵州税收政策法规云平台上线,覆盖18类税种21类行业,首次实现了贵州税收政策法规发布平台的整合和税法宣传全覆盖,纳税人可以通过百度等搜索引擎、手机App下载等多种方式下载安装,随时查询相关税收政策法规,并设立了问题交流及解答模块,帮助纳税人解决日常生产经营中遇到的各种涉税问题,同时系统通过跟踪、分析纳税人查询轨迹,智能向纳税人定向推送可能需求的相关内容。

近年来,国家陆续出台了一系列减税降费政策,疫情后,为应对经济下行,支持疫情防控,促进企业复工复产,国家税务总局相继出台了2020年8—11号公告、13号公告等文件。各地税务机关通过网站、公众号以及App等方式,多措并举对相关政策进行了广泛的宣传。2019年,福建省减税降费监控平台成功上线试运行,将大数据、风险管理理念引入减税降费政策落地全过程,通过对接金税三期查询库,借助23个监控指标对纳税人应享受而未享受、不应享受而享受税收优惠政策的风险点进行监控,实现了落实减税降费工作风险点事前预防、事中控制和事后治理的闭环式管理。2020年7月,国家税务总局佛山市税务局以顺德区税务局为试点,首创一款减税神器——"佛山市减税降费质量保障管家"(简称"减税宝")。通过构建"提醒+监控+服务+考核+成效展示"的一体化平台,实现了"一宝多用",让减税降费的优惠政策"一目了然"、减免账单"一窗展示"、电子退税"一键到手",在大大提升纳税人获得感的同时,也有效运用数字化、智能化手段为基层税务人员减负。先行地区通过智能化手段保证了纳税人和缴费人"应知尽知""应会尽会""应享尽享",充分享受"减税降费"红利。

1.2.2 区块链电子发票和电子发票逐步推广实施

区块链技术作为互联网数据库技术的新型应用,被称为分布式账本技术,具有去中心化、全程留痕、公开透明和不可篡改等优势特征。近年来,广东、深圳、云南等地税务部门先行开展了应用探索。2018年6月,广东试点上线电子发票区块链平台"税链",2018年5月,深圳市税务局成立"智税"创新实验室,推出基于区块链的电子发票解决方案,逐步推开了电子发票上的区块链存储和流转。2019年8月,深圳为上百个行业、数千家企业提供区块链电子发票在线查验、报销入账等服务,累计开票金额达39亿元人民币。区块链电子发票是全国范围内首个"区块链+发票"生态体系应用研究成果,由深圳市税务局主导、腾讯提供底层技术和能力,具备分布式共享账本的特点,与电子发票全流程有机结合,使得开票信息实现完整可追溯、信息透明不可篡改,能够解决发票流转中一票多报、虚假发票、信息难以追溯等难题,有效降低企业的经营成本和税收风险。

针对企业开具增值税普通发票和专用发票,必须要到办税大厅领取这一问题,为了减轻企业领购发票的成本,雄安新区税务局高点定位、超前规划,以建立数字税务、智能税务为目标,于2020年下半年,在河北全省率先推行电子发票。2021年3月,中办、国办印发的《关于进一步深化税收征管改革的意见》也指出要以发票电子化改革为突破口、以税收大数据为驱动力,推进税收工作实现四方面突破。

1.2.3 提升办税体验,增强纳税人获得感

2015年,北京市国税局与百度公司共同签署了"互联网+纳税服务"战略合作框架协议。双方以百度搜索引擎技术为基础,以促进互联网、大数据等信息化手段与纳税服务工作深度融合为共同目标,通过信息共享,优势互补,搭建现代化纳税服务新平台。随后,双方在税收法规查询、宣传和咨询等5个方面启动了线上服务,为纳税人实时提供税收法规政策查询便利,在逐步完善相关内容及条件成熟下,具备复制、移植和推广的可能性。

2019年"金税工程·电子税务局"项目建设历经了"金三"并库、落实减税降费政策系统升级和推行全国统一建设规范的"三级跳"。各地税务机关对电子税务局的建设力度逐步加大，电子税务局功能日益强大。税务机关依托大数据技术，积极推进我国税收征管模式二次转型，逐步实现征管模式由"管事制"向"管数制"的转变（王向东，2014）。福建省电子税务局将实体办税服务厅业务整体"搬"到线上，295项涉税事项可网上办理。云南省税务局提出"一部手机办税费"，通过"云南省网上税务局"公众号，纳税人足不出户用手机即可办理社保费缴纳、车船税申报、一键零申报等100余项税费业务，一部手机就能享受数字税务带来的方便与快捷。

1.2.4 税收大数据驱动，智慧税务探索进行时

2016年，青岛市国税局运用大数据手段对纳税人行为习惯进行"画像"，通过对海量的纳税人办税信息进行总结分析，"画"出了纳税人办税行为习惯规律，发现了一些企业的涉税风险点，为税务部门有的放矢地开展精准纳税服务、风险管理提供技术支持和判别依据。例如，通过"画像"项目对纳税人发票领用信息进行分析，发现每周二办理领用发票的业务最多，进而针对这一现象在每周二增设发票窗口。项目的应用在风险防控、便民服务领域共同发力，既降低了纳税人的遵从风险，又改善了纳税人的办税体验。

2020年5月，山东省税务局首创了山东税务税收经济指数体系（简称税收指数），通过税收指数实现对宏观经济、税收走势和税收征管的先导性、指向性研判。通过税收指数看纳税主体活跃情况，达到透过税收看经济，把握经济发展趋势，有的放矢地精准纳税服务。

虽然国内一些地区通过积极探索，开发了各种方便纳税人查询的软件平台，在很大程度上缓解了12366咨询时间受限、排队时间较长的问题，但是在国地税合并前，由于税种分离，国地税系统各自投入资金进行数字化服务平台建设，涉及的内容也不全面，并且受各地在认知、业务水平等复杂因素影响，导致全国上下的原国地税税务机关合力没能实现效能最大

化，各省各市数字化政务建设水平不一，一些成果没有得到进一步沿用及推广。机构改革后还存在历史遗留问题，各地税务机关对智慧税务建设的认识尚不统一，有关智慧税务建设尚没有形成完整统一的、标准化的构建体系。

1.3 推进智慧税务建设面临的主要问题

推进智慧税务建设的根本目的，在于适应数字经济时代价值创造模式的改变给传统税收征管带来的一系列挑战。实施低成本、高质量的税款征收和全面高效的行政管理能够提供便捷性更强、体验感更好的公共服务，实现税务机关的"放管服"改革。推动数字政府建设，有利于完善和提高政府公共服务效能，实现政府内部功能的优化，打造营商环境高地。当前智慧税务建设主要面临以下五个方面的问题。

1.3.1 "非接触式"办税服务不够充分，内部平台繁多

从现有"金三系统"和"电子税务局"的设计看，其依然采取业务导向的设计模式，缺少交互式设计模块，制约了税务管理向无纸化、"非接触"方向发展。本次突发疫情倒逼行政服务机关利用网络传输图片、视频确认等方式积极处理相关行政事务，致使上述问题更加突出。此外，省、市级税务机关办公使用的内部平台过多，仅税务所管理岗位处理单一风险核实任务就涉及3个内部平台，且各平台对浏览器要求不一，因此亟须多个平台进行整合，开发一套多功能大数据分析系统，进而提高办税效率。目前，各省份纳税咨询服务建设模式尚未统一；部分省份采用服务外包，个别省份采用干部轮岗和地区"共建"。在非外包情况下，12366占用干部成本过高，既不利于12366专业化建立也不利于干部个人成长。同时，针对征纳双方的智能化税务风险提示软件或模块缺失，风险控制依然采用财务逻辑、税收负担、成本费用率等指标，无法满足现代征管需求。

1.3.2 部门间信息没有互通互联，征税成本相对较高

在疫情防控常态化背景下，税务机关行政事务的数字处理能力难以满足处理应急事件的需求。一是各部门间信息共享平台和机制建设滞后，特别是"房地产一体化"平台建设过慢，税务与金融部门信息不互通等问题突出。征收、国土以及房产等部门的信息共享机制的建立，不仅关系着税务行政效率提升，还有助于提高征收质量。出于保护市场主体合理隐私、部门利益等角度，政府各个部门之间的底层数据至今没有实现互联互通，因信息核查需要，税务部门到其他政府部门调取信息数据，需要部门领导间沟通协调，审批手续和流程较为复杂。对于特定财产税收减免，更需要纳税人主动提供有效凭证，这在疫情期间显然不具备操作性。另外，"营改增"后，地方财政对财产税、个人所得税依存度愈来愈高，建立完善的跨部门信息共享平台及机制，提升个人财产及收入税征收质量也是地方财政体制有序运转的现实需要。二是税务系统内部信息交换机制建设滞后。随着我国市场化水平不断提升，纳税人与子公司、分公司地域跨度扩大，纳税人所在地与财产所在地已经解绑，在基础涉税信息无法实现共享的前提下，现行纳税人和财产分别属地管理的税收征管体制无法适应新变化。特别是税务稽查系统问题更加突出，在稽查系统跨区域涉税业务中，现有的"协查平台"只能保证任务及责任转移，无法实现数字化跨地区取证，实务中取证依然采取跨地区外调方式。"查管互动"流程设计上，市级稽查无法直接安排征收局核查任务，任务推送流程繁杂，稽查成本高昂。征收局只能以接受任务为导向，但案件背景信息缺失，"查管互动"质量偏低。

1.3.3 缺少顶层设计，联动协作不同频

地方税务部门存在各自为政、口径不一，缺少顶层设计和牵头部门，缺少固定资金来源，发展智慧税务没有统一范式等问题，未能形成多部门联动、政企合作发展的良性局面。例如纳税人身份从税务视角看，均为统

一纳税人，但由于征收管理、税收减免等需求，需依照其他部门标准给纳税人设定不同身份，甚至现实中不同税种会有不同身份界定，享受不同政策。增值税按国税总局口径，根据营业额设定一般纳税人和小规模纳税人，企业所得税参照工信部标准，依照经营规模等指标确认小型微利企业。而实际中，二者减免享受存在极大比例重叠，如能基于实践，破除税种界限，多部门协同，在顶层上统一纳税人身份，将为数字化建设提供更为简化的途径。

1.3.4 数字经济税收征管亟待加强

目前，亟须破解数字经济的快速发展与税收征管无法全面覆盖之间的矛盾。据《中国信息报》显示，2020年中国电子商务交易额达37.21万亿元，涉及的体量逐年攀升。从电商主体来看，目前规模以上电商平台手续齐全，纳税相对规范，但平台内商家和其他电商的税收征管难度较大。尽管2019年实施的《电商法》已经对电子商务经营者依法纳税进行了规定，但由于电商交易无纸化，交易主体和纳税地不明确，电商经营者依法纳税意识淡薄，电商平台与税务局信息不共享，缺少专门的税务工作人员负责等问题，目前税款流失比较严重，因此迫切需要完善电商税收征管。网络交易多以数字的形式存在，导致所得税和增值税存在严重漏税风险。由于电商法对"零星小额"没有给出明确的金额界限，导致部分商家并未积极响应号召办理税务登记，从而进行纳税申报。对于已经办理工商登记的商家，虽然《税收征管法》明确规定："在领取营业执照三十日内，持有关证件，向税务机关申报办理税务登记"，但由于需要定期报税，节省成本等多方面原因，很多低收入或无须大额发票的商家存在不办理税务登记情况。

1.3.5 智慧税务所需的复合型人才缺失

智慧税务建设需要现代化信息技术支撑，需要技术先行、人才先行，没有相关人才做保障如无根之木、无本之源。因此实现"智慧税务"人才是基础，人才更是关键。近年来，一些地区税务局税收信息化建设在硬件、网络和应用系统等方面投入很大，但在引进人才和培养人才方面还存在不足。以吉林省税务局为例，计算机专业岗位和人员近几年招聘数量较少，信息化人才中专门从事数据分析的专业人员更是凤毛麟角。究其原因可归纳为两点：一是现有信息化人才水平参差不齐，集中培养有难度；二是由于缺少激励措施，很多信息化人才学习信息化新技术新理念的意愿不高。

1.4 数字型税务机关的概念及架构

数字化驱动了中国智慧税务建设，国家税务总局局长王军在2021年9月15日金砖国家税务局长会议上表示："税收征管数字化转型升级的过程，就是引导和促进纳税人从'被动遵从'到'主动遵从'到'自动遵从'的过程，就是向税收现代化不断迈进的过程"，这就需要建立数字型税务机关。与传统税务机关相对应，数字型税务机关是指在计算机、网络通信技术支撑下，运用大数据、"互联网+"等现代技术手段，实现税务机关日常办公、风险识别管理、纳税人信息采集与发布等事务在数字化、网络化的环境下进行的全流程税收行政管理形式。实际运行包含多方面的内容，如税务机关办公自动化，涉税风险在征纳双方间自动化识别及提示，各级税务机关的可视远程会议、远程信息交互，纳税人网上查询自身涉税信息，减税降费政策，电子化报税，电子发票等税务机关征管及提供纳税服务全流程、全模块数字化。

数字经济正改变着传统的经营模式和交易方式，税务机关要密切跟踪数字经济、电子商务发展趋势，建立与之相适应的税务服务体系，充分依托大数据和"互联网+"服务税收征管（智勐，2020），在建设数字型政府的同时，形成垂直管理部门与横向管理部门的合力，一体化设计、一体化推进，深化"放管服"改革，提升服务水平，进一步提升办税体验，强化纳税人的税法遵从度。与传统的税务机关建设相比，数字型税务机关更加注重依托互联网等现代科学技术，提升税收治理体系和治理能力现代化水平。依据定义，本书给出如下图1-1的数字型税务机关基本架构。

数字型税务机关的最终实现，将达到税务机关内部统一平台进行数据信息、票流查询、涉税风险点智能化推送、数字人事以及税务系统内部资料线上流转，提高征税效率，节约征税成本；在纳税人方面，通过将电子税务局、个人所得税申报、养老保险等日常企业及个人涉税软件进行统一整合，引进智能办税，落实减税降费政策，不断拓宽"码上办""线上办"等"非接触"办税缴费路径，提高办税效率，优化办税服务。

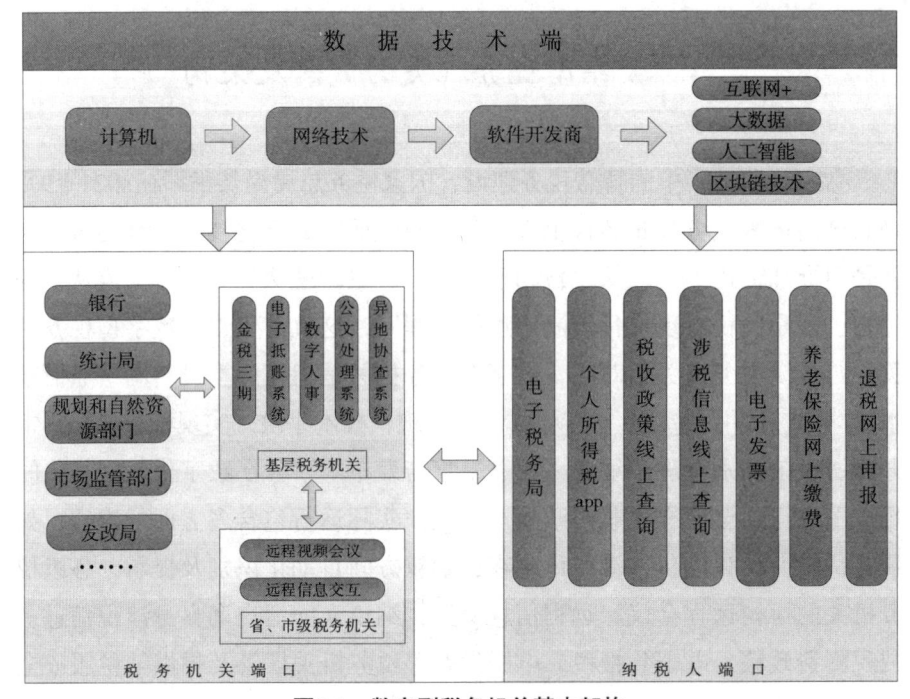

图1-1 数字型税务机关基本架构

1.5 加快推进智慧税务建设的建议

1.5.1 简并征纳双方端口平台，纳税服务提质增效

简并内部涉税系统，将金税三期系统与大数据分析中心对接，将电子抵账系统、实名制办税平台等内容链接进来，建立税务机关内部事项一次性全覆盖电子系统。简并内部管理系统，将日常用的公文处理系统以及内

部人员文件传送功能都并入数字人事系统，方便日常内部工作。纳税人自然人端口可以将个人所得税、养老保险等合并，一个手机App解决多种事项；企业端口打造超级电子税务局，功能涵盖日常纳税申报、电子发票开具以及退税等内容。同时，在电子税务局增设12366在线解答客服，引入人工智能答复，纳税人输入关键词，即可给出问题和回答。借鉴商业企业相关客服经验，建议各省市将12366咨询业务全部外包，实现电话语音和网络智能服务同步，提高征管及办税效率。推动2022年基本实现法人税费信息"一户式"、自然人税费信息"一人式"智能归集，2023年基本实现税务机关信息"一局式"、税务人员信息"一员式"智能归集等。

1.5.2 统筹规划建设，推动数据共享

制定严谨的智慧税务建设工作方案，打通部门之间的数字鸿沟，确定牵头部门来统筹协调数据的汇集与整合。一是依托即将出台的《个人信息保护法》，在保证大数据信息采集的来源稳定性和数据质量的前提下，为将来由数据集成阶段向数据管理阶段转型提前做好布局。二是明确数字经济时代的主体税源，完善税收实体法体系结构，建立与数字经济发展相适应的税制体系。三是在现阶段金税四期的开发过程中，前瞻性地考虑新时代经济社会特点，力争在金税四期上线后，无论是从平台抗压提速方面，还是内部涉税实际操作流程的便捷程度和智能化提示涉税风险等方面都能得到明显优化。四是由总局牵头，在各省范围内实现税务与财政、金融、银行、市场监督、规划和自然资源、统计局等部门实现实时数据共享，提高数据分析相关性与准确度。建立涉税数据开放平台，进而与政府各部门联合建立公共信息开放平台，开放信用、交通、医疗、社保、教育等领域的非涉密的政府数据，促进它们与其他数据融合，支撑大数据创新应用，从而释放其价值。五是聘请专家建立大数据分析模型，通过数据模型分析比对得出对税收征管有价值的数据指标，将现有深圳"区块链+发票"的成果同大数据分析系统进行有机融合，做到全覆盖、智能化、便捷化，所有企业信息上链，在统一的平台能够进行查询，智能化发现风险点和为纳税人提供相关涉税业务咨询和办理，达到为税务局决策提供数据支撑、为纳

税人提供便捷服务的目的。

1.5.3　积极争取资金，政企合力推进智慧税务建设

各地区除了高度重视数字政府建设外，还应高位统筹，引进具备资质的互联网企业，早准备，早布局，推动智慧税务相关项目建设，积极争取国家和省级资金支持。采用国家、政府和企业三方出资方式，这样既能解决地方财政支出困难问题，又助力企业可持续发展，进而涵养税源，增加税收收入，形成良性循环。为此，建议选择1～2个数字化建设比较先进的地区建设涵盖大数据分析中心、区块链+税务等内容的智慧税务作为试点，条件成熟后逐步统一推广。在技术方面，以政府招标方式，吸引华为、浪潮等大数据企业建立税务系统大数据分析中心。税务机关也要坚持改革创新、与时俱进，充分利用现有的数字技术和人工智能技术，突破现有网上办税模式，打造新一代的智慧税务平台，"网上办"与"掌上办"将继续成为抓手，不断拓展"非接触式""不见面"办税缴费服务。依托全国税务云平台，建设"各省税务私有空间"，建立全省集中的税收大数据资源库，推动各地区税务数智化转型。

1.5.4　强化风险管理部门作用，智能化按需服务

未来数字管税应侧重通过大数据分析，以"数字驱动"提升税收治理效能，对纳税人关注问题进行分类，智能化按需提供纳税辅导服务。基于倒金字塔理论，对税收贡献大的企业相关财会人员在少打扰的同时，根据需求指派专业人员提供精准、个性化纳税服务，进而提高征管效率，优化纳税服务水平。针对多数中小企业会计从业人员做好普惠性税收减税降费及日常申报缴纳等税法宣传工作，充分利用新媒体、微信等现代常用的工具软件，加快推动智能化、数字化办税进程，提高纳税人获得感。

1.5.5 依托教育科研资源，引进技术和人才

高校科研单位在一些前沿基础及应用学科有着较深入的研究，可以为政府在提供科学化管理、精准决策和高效服务方面提供智力支持。各地区税务局应合理利用这些科研和培训资源，借助外脑，加大同高校和专业企业的合作力度，并对辖区税务机关信息部门干部进行系统培训，树立大数据理念，提高大数据应用分析水平，引进大数据分析人才，为加快推进智慧税务建设提供技术支持。

第2章 税收风险管理概述

2.1 税收风险管理的定义

2.1.1 税收风险的定义

风险是对极有可能造成损失的事实的一种预测，但这种事实是突发的，不可预测的，并且客观存在的。理论界关于对风险的认识有广义和狭义之分，狭义的风险常常认为是静态的，指的是自然灾害和工程事故等，这也是对于风险的传统认识。随着社会的发展，人们对风险的认识更加深刻，现代风险观认为风险的最主要构因素是动态因素，动态因素内容包括国家体制、组织文化、社会意识等等，风险的外延不断得以扩大并形成一个庞大和复杂的体系，所以对风险的管理就也变得加复杂和具体，风险与收益之间的关系也开始复杂化，从风险中创造机会取得收益的可能性增加。

对于税收风险的认识形成已久，但在学术上目前尚未形成统一的一致性论断。世界经济合作与发展组织从纳税人的视角对风险作出的定义，有一定的权威性和适用性，该定义强调了风险负面影响的地位，并且认为这种负面影响是不确定的。国内的研究人员也将税收风险的主要表现归结为税收流失，这种风险是由社会体制、经济政策、税收法律、征管措施、纳税行为等诸多因素单独或联合促成的，风险产生的可能性与不确定性是同时客观存在的。

在具体的税收征管层面，形成税收风险的主要因素来源于税收征管的主体，如税收体制的不健全，征管对象普查的疏漏，税收法律的不完备，税收政策的不具体、不全面等。学术上把由此形成的税收风险归纳为法律性风险、制度性风险和管理性风险。其中，法律性风险是指对于第三方涉税信息数据的披露不完整造成的。如在法律上没有具体的、详尽的规定，税收部门就无法掌握足够的、全面的社会信息，造成税款不能全面征收。制度性风险是指企业的经营规模组织机构较为庞大和复杂，在财务核算方式上特意做了基于规避纳税的设计，亦有可能引致税收风险，同时对企业造成财务和名誉损失，严重者将受到法律制裁。管理性风险是指征管标准没有合理反映经济发展水平，因税务部门业务管理交叉衔接不合理，征管人员对政策理解有误或执法行为不规范等形成的税收风险。

专家给出了税收风险的多种定义，认为是指在征收税款的过程中，由于制度的不健全、政策的不完善和管理的缺位等因素的影响，或者是由于纳税人自身对税收政策的不理解或是理解上存在偏差等因素，导致税源情况变坏、税收收入减少，由此导致无法实现税收目标，实际的结果与预期存在偏差。也正是因为这样，税务部门对税收风险的管理越来越重视。税收风险可以分为税收政策风险、遵从风险和执法风险三种类型，根据主体的不同可以具体分为收入风险、纳税风险和执法风险（吴平，2020）。收入风险是对征税方也就是税务部门而言的，主要包括税收收入的减少、税收目标的无法实现等风险。纳税风险则是对于纳税人而言的，因为风险的存在，可能会使纳税人多交或少交税，对于纳税人的利益其实是有一定程度上的损害的。所谓的执法风险，顾名思义，就是在执行过程中的风险，加大了税务工作者的工作难度，并且难以执行相关的规定。

本书选用的税收风险定义是指由于纳税人在税收管理、计算和支付方面的税收相关行为因未能正确遵守税收法律、法规，或者由于企业没能正确掌握税法精神、税收优惠政策导向，以及由于其他原因未能完全理解税法相关内容的使用，导致可能受到法律制裁、经济损失或名誉损害，进而使纳税人支付更多税金的可能性（GU等，2012）。

2.1.2 税收风险管理的定义

风险管理其实就是对于潜在的、未发生的、已经发生的风险进行解决，将损失降到最低，甚至阻碍风险的发生（郝小飞，2019）。而税收风险管理要做到的就是通过人力、物力及财力的投入，降低税收风险带来的损失，保证税务工作的正常开展。

目前学术界对税收风险管理的定义没有统一的结论。张爱球（2009）认为将税收风险管理对数据资源的最大化的利用是在实际工作中最主要的作用。胡云松（2009）认为税收风险管理应该是对税款流失的风险进行的管理活动。李晓曼（2013）认为税收风险管理通过现有的资源去提高税收满意度和纳税遵从度，以此减少税款的流失。现状普遍认为，税收风险管理是税务机关通过风险预警、识别、分析及应对，提升纳税人主动纳税的意识、减少税源流失、减少税收风险的税收管理活动（吴建平，2020）。正是税收风险的存在，才有税收风险管理应运而生。在2014年国家税务总局发布的104号文件中明确定义了税收风险管理，简而言之，税收风险管理是税务机关分析纳税人遵从度的过程，它具体包括纳税评估、税收风险预警、反避税调查等手段，归根结底，这是一项提高纳税人遵守税法的税收管理活动。总之税收风险管理就是通过税收数据的收集、整理及分析，制定应对的策略及该策略的具体实施，并且对实施过程进行监测。

2.1.3 税收风险与税务风险的区别

现行税收法规中，对税务风险还没有一个明确的定义。但是可以将税务风险理解为：因涉税问题而可能引发的各种现实或潜在的风险。税务风险不是税收风险，税务风险的内涵要比税收风险丰富。

税务风险根据其来源，可以分为两类：一类是来自税务局等执法部门的少缴税、晚缴税的风险；一类是来自自身的多缴税、早缴税的风险。一提到税务风险，许多纳税人就想到被税务局稽查，补税罚款造成的风险。这是比较常见的来自税务局的因少缴税、晚缴税造成的税务风险。与之对应的，是来自自身的多缴税、早缴税的风险，也是应该防控的风险。根据税务风险的内容，可以将税务风险分为：具体税种的风险，如增值税风险、企业所得税风险等；日常管理的风险，如因违反纳税申报、税务登记、发票管理等产生的风险等。

本书前5章所述内容主要针对税收风险而言，第6章信息化税收风险管理可以延伸到涉及企业开立、运营及注销各个阶段的税务风险。

2.2 税收风险研究背景及意义

2.2.1 税收风险研究背景

税收风险对企业的直接影响表现在由于企业对税法的理解可能产生偏差以及由于某些原因的执行延缓，导致产生税收滞纳金和罚款，增加额外的支出。或者企业为追求直接经济效益，没有遵守税法，故意少缴税，以及未能按照税收优惠政策而过度承担税收成本。间接影响表现在如果通过税务稽查等手段证实企业存在偷、逃税现象，企业会被处以行政处罚，公共财务信息将给企业带来不利的社会影响，使企业业务活动的合法性和合理性受到公众质疑，进而在一定程度上降低企业价值。

2016年中国税务年鉴数据显示，2015年稽查税务违法问题户346万户，共查补入库税款2280.85亿元，尤为值得关注的是，由于滞纳金和罚金的存在，因税收风险导致的涉税摩擦被显著放大，在不考虑滞纳金的情况下，2015年仅税收处罚金额就高达103亿元，这无疑增加了企业的实际税负。2021年上半年，共检查涉嫌虚开骗税企业7.21万户，配合公安机关对3728名犯罪嫌疑人采取强制措施。2020年7月，深圳税务部门联合公安、海关、人民银行以及税务总局驻广州特派办成功破获"惊雷3号"虚开骗税地下钱庄案，打掉虚开、骗税、地下钱庄等多个环节的9个犯罪团伙，抓获犯罪嫌疑人77人。经查，该团伙非法获取上游虚开的增值税专用发票抵扣进项税额后，将他人货物冒充成自身企业货物报关出口，取得报关单据骗取出口退税，涉嫌虚开发票金额40多亿元，涉嫌骗取出口退税1.5亿元。整治虚开发票，骗取出口退税案件，是近些年我国税务稽查重点检查的内容，犯罪分子往往受巨大利益驱动，而无视法律准绳，因此，推行智慧税务，通过大数据智能分析识别税收风险，是可行而又十分必要的。

随着我国纳税人数量的急剧增加，我国社会的经营模式、核算形式和分配方式发生了很大变化，税收风险问题成了社会发展的重要问题。如何对税收风险进行有效的识别、分析和应对，有效地减少税收流失成为当前的研究热点。2015年李克强总理提出了"大众创业，万众创新"的号召，近两年，国家大力发展民营经济，在一系列政策激励下，小微企业、民营企业得以较快发展。企业的发展环境也呈现复杂化，这就要求企业决策者和会计人员具备更高的水平，能够更好地应对企业问题。其中，针对税收风险的管理也成为企业管理的重要内容，通过研究企业的税收风险，为企业的运营创造良好的税收环境，为企业的税收风险防控提供科学化的措施，从而保证企业能够在复杂的竞争环境中保持良好的发展态势。因此，应对企业和个人从理论和实践上探索税收风险防控内容，保证企业和个人能够获取长远、稳定发展。

在分析研究税收风险中，结合企业运行阶段分析税收征管基本流程，强化税收风险管理方法，能够在风险管理中按照流程和规则执行，并且为税收风险识别分析提供方法支持，深入围绕企业的发展阶段，探索税收风险防控的详细措施，构建系统化、信息化的税收风险管理体系，推进税收管理科学化、精细化。因此，通过本书的研究，能够推动我国税收风险防控进一步发展。

2.2.2 税收风险研究意义

随着我国经济和社会的持续发展，税收风险的管理水平已经成为决定税务机关工作效能高低和影响税务人员职业安全的重要指标。但从理论研究和实践情况来看，作为税收风险重要组成部分的纳税遵从风险一直没有得到应有的重视，使税收工作缺乏具有指导性和可操作性的风险应对措施。

2015年中办、国办联合下发了《深化国税、地税征管体制改革方案》标志着我国新的一轮税收体制改革拉开帷幕，2016年底的中央经济会议明确指出要继续实施积极的财税政策推进供给侧改革、降低企业税费负担。在此背景下，近年来，我国18个税种已有12个税种相继立法，税收法制化进程稳步推进，成功实施了一系列适应经济社会的税制改革。

从理论来看，目前众多学者对于纳税遵从方面研究纷纷止步于对纳税不遵从行为的研究层面，对不遵从行为背后隐藏的风险却言之甚少，客观上造成了税务机关对纳税遵从风险管理工作的不重视和具体应对措施的匮乏，加之纳税遵从风险和税收执法风险本就是一对孪生姐妹，一体两面，不可分割，要想构建完整的税收风险体系，就必须推进现有的纳税遵从风险理论研究工作。

从实践来看，多年来，我国税务机关对纳税不遵从行为主要采取被动的事后处理方式进行应对，所谓的头痛医头、脚痛医脚式的征管方式，不仅增加了税收成本，而且收效甚微，如何才能有效地提高纳税遵从度并消弭纳税不遵从行为带来的风险损失一直是困扰税务机关的难题。

本书的研究致力于规避或者尽可能地减少企业出现税收风险，提高税务机关纳税服务质量，切实改善企业纳税环境，具体有以下三方面意义：①在做好税法宣传工作，严肃税务干部工作纪律的同时，建立一套完整的税收风险管理系统，通过信息化手段对企业纳税情况进行实时监控，提升征税效率，出具税收风险检查报告，从而提高纳税人的纳税遵从度；②向导式的信息化风险点提示有利于企业在开立、运行和注销的过程中，及时规避可能产生的风险点，避免因各种问题导致少缴税款进而产生罚款和滞纳金，对于因未能及时掌握相应税收优惠（减税降费）政策而多缴税费的纳税人进行及时提醒，做好相应的退税和抵税工作；③专著内容的最终推广，有利于解决征纳双方因信息不对称原因导致的税收摩擦，对于在全国范围内开展信息一体化税收风险管理具有划时代的意义。

2.3 税收风险研究的国内外文献综述

2.3.1 税收风险研究的国内文献综述

李汉文（2008）按照涉税主体构建了税收风险体系，概括了纳税人、征税人、用税人、税收中介、税法制定者的行为目的和风险类别，阐述了税收风险的危害性。林天义（2010）分析了大企业税收风险的具体特征及形成原因，对加强大企业税收风险管理提出了具体改进意见。他指出，税收风险管理直接影响大企业的运营风险，尤其是在我国颁布《大企业税收风险管理指引》后，大企业应更加重视税收风险的控制，采取有效措施防范税收风险。史海凤（2011）分析了税收风险的成因，包括信息不对称引起的道德风险、法律不完善、监督弱化，并对应地提出了防范措施：实现信息共享、完善税收法律和监督机制。陈天灯（2013）通过总结企业税收风险管理现状及其存在的问题，结合问题的具体形式，分析了导致企业出现这些问题的原因，并提出了针对性的措施，提出了构建企业税收风险管理体系的途径，全面提升了企业防范税收风险的能力，从而让企业在市场竞争中获得良好的发展态势。国家税务总局（2014）通过对澳大利亚联邦税务局的考察，总结了澳大利亚大企业税收风险管理理念（税收风险管理标准和指南规范化，法制和公正，税企合作互信，分类管理）、措施（服务和预防性管理措施，纠正性管理措施）及审计方法，为我国开展税收风险管理、推进大企业税收管理现代化提供了有价值的参考。胡磊等（2016）指出"互联网+"时代背景下，基层税务机关必须将人工操作逐渐更替为信息化管理，用现代化征管手段解决税收风险管理问题，才能切实降低税收风险发生概率。虽然税务系统对税收征管进行了试点改革，同时对风险管理做了进一步深入探索，但是有些单位并没有形成新的工作思维方式，对风险管理流程缺乏充分了解，在实践中还是采用旧办法、旧套路，难以发挥出税收征管的整体效能。戴勇平（2016）详细探讨了当前税收风险管理的不足，提出了为了进一步完善税收管理运行机制应从构建全员配合协作机制、加强涉税情报管理、建立推送审定制度等方面入手。于姗姗（2017）通过研究分析了企业税收风险的发生和企业的业务指标关系，并且根据企业的运营建立了风险预警指标，在此基础上构建了风险预警体系，这一体系能够发挥观测、预防以及解决企业税收风险的作用，从而能够为企业的管理提供决策指导。其中，于姗姗提出了在企业税收分析中采用层次分析法（AHP分析法），从而构建了科学化的风险预警模型，提供了量化的评价体系，为管控企业税收风险提供了支持。白玉明（2017）以部分总局定点联系的国资委管理的中央企业两年度的《税收遵从管理年度报告》为样本，探究央企在组织机构、财务管理、税收风险内控机制、税收遵从等方面的税收管理情况，结合相关管理文件的要求，将这些要求转化成相应的税收管理措施，为提升我国央企的税收风险管控理论发展提供支持。黎东（2017）认为要实现税收执法风险防范最理想的方式就是采用法律防范。所以，要进一步完善税收立法，做到税收执法必严，并不断实现综合税收法制化，促进税收执法权合法、高效和规范化，最终实现法治税收。随着我国经济的发展，走出去的发展路线成了我国企业突破现有发展瓶颈的重要渠道。然而，税收风险成为走出去发展企业的重要影响因素，直接关系这些企业的发展成败。张平（2018）通过详细阐述"一带一路"的发展方针，落实到具体企业发展方针提出了"走出去"企业税收风险防范存在的问题，并且详细分析了导致税收风险的主要原因，在此基础上提出企业加强税收风险防范的建议措施。税收风险主要分为外部纳税人的纳税遵从风险和税务系统内部执法风险两部分。吴蔚等（2020）介绍了国家税务总局苏州市税务局通过灵活应用微信平台，延伸服务触角，防范、化解和消除税收风险，提高纳税人自愿遵从和税务机关促进遵从的能力。调查核实"微信办理"，为疫情防控保驾护航。新冠肺炎疫情防控期间，严格落实"非接触式"办税缴费的要求，按照分类处理、能简即简的原则，对确有必要开展调查核实的注销、企业迁移等申请事项，运用"苏州税务微服务"微信小程序的线上约谈室功能，为税务干部和纳税人提供远程约谈、实时视频等，以线上约谈、视频连线代替现场约谈、实地核查，保障企业涉税业务不受影响。傅鐘漩等（2021）指出税收内外风险防控协作机制以税收大数据为支撑，以"数字驱动"为理念，能够有效提升税收治理能力、减轻基层负担、规范税收秩序。以国家税务总局山东省税务局为样板，在探讨税收风险管理实现路径的基础上，提出推进机制改革、建设共享平台、强化全链条防控、自动识别预警、重视问责机制等思考与建议，尝试探索建立更加完善的税收内外风险防控协作机制。高金平（2021）指出在"以数治税"理念下，税务机关以发票电子化改革为突破口、以税收大数据为驱动力，建立健全以"信用+风险"为基础的新型监管机制，着力构建"无风险不打扰、有违法要追究、全过程强智控"的税务执法新体系。针对现行税收风险管理涉及的数据质量、指标设计、风险应对、人才配备等要素，从实务操作层面，就优化底层数据、风险指标纵横向联动搭建、低风险应对方式调整、高端人才培养等方面提出建议。

2.3.2　税收风险研究的国外文献综述

　　Torgler等（2008）通过对美国和土耳其的微数据集研究发现纳税意愿与税务管理、税收体系、税负、纳税意识以及对政府和官员的信任度等因素具有显著的相关性。Wunder. H. F通过报告美国和非美国跨国公司首席财务官（CFO）的调查，描述跨国企业（MNE）目前的税务风险管理状况。研究表明，大型跨国公司在制定和实施一般税务风险管理政策方面取得了重大进展，为确定组织税务风险的位置和影响提供了指导，并表明受访者对其组织的税务风险没有感知到令人担忧的程度。这项研究揭示了美国和外国公司的反应有着显著的相似性，现有的报告结构使首席财务官能够将税务风险管理的重要程度转移到税务主管身上。Liu（2011）基于最优税收管理角度，构建了一个用以分析纳税申报和税务检查之间交互作用的一般均衡模型，其中包含了税务检查成本、净税收收入和纳税人的个人期望效用最大化。GU等（2012）分析了中国校办企业税收风险及成因，提出了管理和控制校办企业行业税收风险的措施，包括校企分离、树立正确税收风险意识、建立和完善校办企业税收的内控体系等。Neuman等（2015）对税收风险进行了实证分析，基于企业管理者、从业人员和税务机构的视角确定会产生税收风险的企业特性，研究结果表明，在对盈余管理的措施进行控制之后，针对税收风险的测度能够解释相当一部分不确定的税收优惠（UTB）并可用于研究管理者及从业人员所做出的与税收风险相关的决策。Elmirzaev. S. E（2015）研究了乌兹别克斯坦的税务风险管理实践，证明税收风险受到各种因素影响，包括避税、税收和立法机构变动，并基于乌兹别克斯坦经济的国际最佳实践和具体特点，探讨了乌兹别克斯坦私营部门国家特定税务风险管理框架。Shtiller等（2016）研究了税收筹划和税收风险之间的关系，揭示了税务风险评估的主要原则与可接受风险概念，指定风险阈值以及风险管理所必需的指标带来的经济损失值的联系并依此减少税收风险。Rossing. C. P探讨了跨国企业（MNE）在面临价格转移税风险的情况下，有效税收策略如何影响的管理控制系统（MCS），根据案例研究结果，认为跨国公司的MCS取决于跨国公司对其税收环境的反应，并参考跨国公司价格转移税务专家之间的组织间网络协作的作用，扩展了现有的跨国公司权变因素理论。这一研究可以提升跨国公司应对税收风险能力，通过构建先进的税收风险管理系统，有效地实现税收风险转移，保证企业的稳定运营。Wang.J（2017）将机器学习理论引入税务风险管理实践，建立了基于粒子群优化反馈算法的税务风险识别模型，随机选取了1350户税收家庭，将样本中的1000个数据作为训练数据，其余的是测试数据。实验结果表明，与标准的BP算法相比，优化后的PSO-BP算法能够有效、准确地识别税务风险类别，大大提高了税务稽查的效率。

2.4 税收风险分析理论研究

2.4.1 税收风险管理基本理论

税收风险管理理论最早于20世纪末提出，它是风险管理理论的重要内容。全面风险管理刚刚兴起，企业的税务风险就引起了管理者的高度关注。风险管理理论强调"管理"对于合理控制企业经营风险的作用，认为有效的管理可以化解风险。经济合作与发展组织于1997年给出了税收风险管理的定义，并创建了基于税收征管服务的风险管理模型，模型的名称为"税收风险管理流程"，对于税收征管服务的风险管理程序进行了规范。其步骤是：一，对各纳税企业的风险等级进行设定，设定的级别是在对风险进行综合考察的基础上完成的，并且根据级别的不同，进行同产业或同行业排序；二，风险等级确定之后，对这些企业的税收遵从风险进行预测；三，做出基于前两者的风险防范策略，同时，有针对性地制定税收风险管理措施，将税收风险控制到最低水平。

税收风险管理的流程是一个循环闭环，其过程为税收风险识别——税收风险评定——税收风险应对——税收风险管理效果评价。其中，税收风险识别是指，税收管理人员首先要完成关于纳税对象涉税信息的收集和整理，然后采取专业的风险分析工具，确定其风险点。基于风险种类的多样性以及表现形式的复杂性，如何去发现风险，识别风险，找出风险，对管理人员有较高的技术要求；税收风险评定是指，对于风险的内容确定之后，根据各类风险所表现出来的不同特征，依照所制定的科学的风险评定标准，对风险的严重程度进行衡量和评估，并设定出对应的级别；在风险点的识别环节，对于发现的风险点根据风险的程度大小进行排序，制定出相对应的解决方案。风险的程度不同，所对应的风险防控管理目标也不同，具体的解决方案和措施也各有差异。理论上，根据税收风险级别的不同，可分为高风险和低风险。对于高风险的应对措施是：纳税评估、税务调查等。对于低风险的应对措施是：约谈咨询、宣传辅导、提醒服务等。税收风险管理效果评价，即管理人员对以上工作的效果做出评价，评价的标准是将税收风险管理流程和方法以实际的风险控制结果进行比较，并将比较的结果反馈到税收风险管理流程当中，进入下一个闭环循环，从而使风险控制的管理水平不断提高，以达到杜绝或减少风险出现的目的。

2.4.2 税收风险应对理论

不同等级的税收风险，对应着不同的管理手段和措施，这些手段和措施因风险高低的不同而不同。常规的应对策略有纳税评估、风险提醒、税务审计和反避税调查、税务稽查等。从管理的执行力度上，风险提醒对于企业不构成强制的约束力，仅为一种行政指导。在上述应对策略中，除风险提醒之外，都是有针对性地解决风险等级较高的企业所出现的税收风险问题。特别是反避税调查、税务稽查具有较强的约束力，对于拒不配合的企业，就会上升到税务稽查的层面。

在税收风险的应对流程中，不同级别的风险，所对应的管理主体也不同，如对于低等风险，由纳税服务部门负责处理；对于中等风险，由税源管理部门负责处理；对于高等风险，由税务稽查部门进行处理。以上三部门中，基于其职责内容的区别，根据不同风险所作出处理决定的约束力也有区别。其中，风险监控部门的主要职责，是对风险管理战略的设计和规划，包括风险等级设计、任务推送与安排，考核评价和监督等；纳税服务部门的主要职责，是具体的税务征缴和前移事项管理；稽查局的主要职责，是对偷税、漏税、抗税、骗税等涉嫌税收违法行为进行核查并追究责任。

风险应对处理所作出的内容,是税收检查阶段的总结结果,目的是消除风险,所以说它也是税收风险管理工作的最后阶段,提供了最终结果。这个结果的形成,来源于税务机关对所有在检查中形成的卷宗的审核结果,这个结果是最终结果,并且具有强大的法律效力。

2.5 国家政策及导向

2.5.1 优化税源管理,稳步开展税收风险管理工作

自2010年税源专业化试点开始,全国税务系统开始逐步对税收风险管理进行探索和实践,税收风险管理目前已成为税收管理最有效的途径和方法。2017年国税总局下发了《转变税收征管方式,提高税收征管效能的指导意见》,明确提出要实现事前审核向事中、事后监管,固定管户向分类分级管户,无差别管理向风险管理,经营管理向大数据管理的"四个转变"。其核心是形成以税收大数据为依托,以"实名办税制+分类分级+信用积分+风险管理"为核心的闭环管理机制,着力解决税收征管针对性不强、时效性不高问题,为此要构建完整的税收数据管理体系和税收风险管理体系,进一步增强税收在国家治理中的基础性、支柱性和保障性作用。

自2018年10月全国地税系统完成"三定"工作后,各地市组建了市、县(区)局的税收风险管理部门,结合本辖区的税源特点,有针对地开展税收风险管理工作,这充分体现了目前税务系统对税收风险管理工作的重视。

自2016年底的中央经济会议明确指出要继续实施积极的财税政策推进供给侧改革、降低企业税费负担以来,我国实施了一系列配套减税降幅措施,促进实体经济稳定发展。如2018年十三届全国人大常委会第五次会议表决通过《中华人民共和国个人所得税法修正案》,对个人所得税实施综合扣除;2019年国务院常务会议明确了小规模纳税人增值税起征点上调;所得税优惠条件放宽等减税措施。在征收程序上,将原有的资料审核、备案改为自主申报。特别是2018年底针对企业注销难问题,国家税务总局出

台并实施了简易注销程序。这些减税降负的引导政策，在为我国的征收管理工作指明了发展路径的同时，无疑也扩大了征纳双方的税收风险敞口，为税收风险管理提出了新的要求。

2.5.2 内部控制风险管理理论

近年来，内部控制风险管理理论渐渐引起了国家的广泛关注，无论是企业还是机关事业单位，都把内部控制与风险管理摆在了比较重要的位置。所谓内部控制风险，就是指影响内部控制功效发挥和目标实现或导致内部控制失效的不确定性。产生内部控制风险的因素很多，总体来讲可以从内部环境，风险评估、控制措施、信息与沟通监督等五大内部控制构成要素进行分析。如企业管理层的管理哲学和经营风格是否与时代相符合、董事会和内部监督机构的设置是否合理、企业内部组织机构设置及职责权限的划分是否清晰、人力资源制度是否完善、员工职业道德操守和工作能力与其所承担的工作任务是否匹配；管理层能否准确识别和分析风险的影响因素、合理评估风险发生频率与破坏性；内部控制程序和措施是否恰当；有无畅通的沟通平台和渠道使上下互通信息；有无严格有效的监控、考核评价与监督体系等这些都是影响内部控制风险的因素。一个企业要发挥内部控制功效，就必须从控制和防范内部控制风险开始。

吴水澎等（2000）运用COSO报告的标准与评价方法，从控制环境、风险评估、控制活动、信息与沟通、监督等五个方面对郑州亚细亚集团内部控制失败案例进行系统分析，从中引发改进我国企业内部控制的几点思考，即由权威部门制定内部控制的标准体系，并对企业内部控制的审计作出强制性的安排，做到二者并举；同时，文章对建立企业内部控制标准体系的必要性与方法，企业内部控制审计的难点、效益及审计模式做了讨论。

政策方面，为了加强和规范企业内部控制，提高企业经营管理水平和风险防范能力，促进企业可持续发展，维护社会主义市场经济秩序和社会公众利益，根据国家有关法律法规，财政部会同证监会、审计署、银监会、保监会制定了《企业内部控制基本规范》，自2009年7月1日起在上市公司范围内施行，鼓励非上市的大中型企业执行。

2012年，为了进一步提高行政事业单位内部管理水平，规范内部控制，加强廉政风险防控机制建设，财政部制定了《行政事业单位内部控制规范（试行）》，并自2014年1月1日起开始施行。

2.5.3 减税降费，多措并举减轻企业税费负担

2015年中办、国办联合下发了《深化国税、地税征管体制改革方案》，标志着我国新的一轮税收体制改革拉开帷幕，2016年底的中央经济会议明确指出要继续实施积极的财税政策推进供给侧改革、降低企业税费负担。2019年3月，李克强总理在《政府工作报告》中指出，要实施更大规模的减税，深化增值税改革。

财税〔2016〕11号文件《财政部关于取消、停征和整合部分政府性基金项目等有关问题的通知》规定，自2016年2月1日起，停征价格调节基金。

财税〔2016〕12号文件《关于扩大有关政府性基金免征范围的通知》规定，自2016年2月1日起，将免征教育费附加、地方教育附加、水利建设基金的范围，由月销售额或营业额不超过3万（按季度纳税的季度销售额或营业额不超过9万）的缴纳义务人，扩大到月销售额或营业额不超过10万（按季度纳税的季度销售额或营业额不超过30万）的缴纳义务人。

2018年第十三届全国人大常委会第三次会议对《中华人民共和国个人所得税法修正案（草案）》进行了审议。自2018年10月1日，个人所得税起征点上调至5000元，个体工商户生产经营所得开始在元税率及出售扩大了级距，切实减轻了纳税人的负担。

国税总局〔2018〕13号文件规定，自2019年1月1日起，吉林省范围内机关事业单位社会保险费和城乡居民基本养老保险费、城乡居民基本医疗保险费交由税务部门征收。

财税〔2019〕13号文件《关于实施小微企业普惠性税收减免政策的通知》规定对月销售额10万元以下（含本数）的增值税小规模纳税人，免征增值税。对小微企业年应纳税所得额不超过100万元的部分，减按25%计入应纳税所得额，按20%税率缴纳企业所得税；对年应纳税所得额超过100万

元但不超过300万的部分，减按50%计入应纳税所得额，按20%税率缴纳企业所得税。

国税总局〔2019〕13号文件《关于深入贯彻落实减税降费政策措施的通知》对税务机关提出了抓紧政策研究、强化宣传辅导、优化管理服务、加强统计核算等相关要求，确保减税降费政策措施不折不扣落实到位，确保纳税人和缴费人"应知尽知""应会尽会""应享尽享"。

2019年财政部、税务总局、海关总署公告2019年第39号文《关于深化增值税改革有关政策的公告》明确指出，从2019年4月1日起，增值税一般纳税人发生增值税应税销售行为或者进口货物，原适用16%税率的，税率调整为13%；原适用10%税率的，税率调整为9%。

一系列的减税降费政策及大刀阔斧的机构改革体现了国家强化监管、惠民利民和高效运转的宗旨和决心。在给纳税人带来实惠与便利的同时，进一步提高了政府的公信力，为宏观经济可持续发展奠定了坚实基础。

2.6 国内外税务机关针对企业税收风险管理的现状

2.6.1 国内税务机关针对企业税收风险管理的现状

2002年国家税务总局制定的《2002年-2006年中国税收征收管理战略规划纲要》中首次提出了"防范税收风险"概念，自此确立信息管税、加强税收风险管理、提升税收征管质量和效率已逐渐成为共识。2009年国家税务总局下发了《大企业税务风险管理指引（试行）》，旨在引导大企业合理控制税务风险，防范税务违法行为，依法履行纳税义务，避免因没有遵循税法可能遭受的法律制裁、财务损失或声誉损害。2012年全国税务系统深化税收征管改革工作会议进一步明确提出：要建立以税收风险管理为导向的现代税收征管体系，将税收风险管理贯穿于税收征管的全过程。2016年全国税收工作会议指出在加强税收风险管理意识的基础上，要大力推进信息管税，全面完成金税三期工程建设，深入实施"互联网+税务"行动计划。

江苏省税务局从2007年开始推广应用风险管理理念用以加强税源管理，使税务风险管理进入了全面实践的阶段。2011年江苏省地方税务局制定并出台了《税收风险管理暂行办法》，针对税务风险识别、风险等级排序及推送、风险应对及反馈监督和纳税服务评价等各个环节，制定了统一、高效的管理规范。通过研发风险识别模型，建立风险识别体系，以风险管理平台为基础，全面推进并加强税收风险各方面的管理。山东省地税局在2010年将税源专业化管理作为新时期征管改革的重心，全面推行"分类、分级、分岗"管理，基于纳税人税收风险的高低，调整优化机构职能和资源配置，突出加强重点税源管理，设立各级税源管理部门评估监控重点税源；围绕防范税收执法风险和优化人力资源配置，在基层实行分岗管事，促进由管户向管事的逐步转变。广东省国税局2013年从源头规范税收执法权和行政管理权，开发并投入使用了税收执法风险防御系统（RED系统），该系统通过运用信息技术对综合征管软件等业务系统的数据进行联动查询、校验、分析和处理，解决人工监控的滞后和面窄等问题，建立起事前预警控制、事中实时提示、事后监督问责的税收执法风险动态监管体系。青岛市国税局2015年以推行权力清单制度为切入点，深入梳理排查，合理配置风险点，开发了青岛国税内控管理系统（ICM），该系统与金税三期系统进行了有机结合，在规范业务操作、防范执法风险、提高工作效率等方面取得了显著成效。上海市税务机关2016年按照国家税务总局"互联网+涉税大数据"的要求，运用大数据防范股权转让税收风险。实施了"股权转让所得税风险预警"专项税收风险防控项目，截至同年7月底，对通过大数据分析发现的59户风险企业开展纳税评估，评估后发现问题企业56户，查补税款逾10亿元。

2014年9月，国家税务总局发布了《关于加强税收风险管理工作的意见》，进一步加强和规范税收风险管理工作，明确工作内容，规范管理流程。2016年4月，国家税务总局发布了《关于进一步加强税收风险管理工作的通知》，进一步发挥风险管理在税收征管中的导向作用，推动转变征管方式，促进纳税遵从，增强各级税务机关堵漏增收的主观能动性，健全税务总局和省税务机关的税收风险管理职责及工作机制。2018年6月，在国地税征管体制改革中，各省成立了大数据和税收风险管理局。2019年12月，国家税务总局成立大数据和税收风险管理局。

2018年国家税务总局下发了关于进一步优化办理企业税务注销程序的通知，自10月1日起对未办理过涉税事宜或办理过涉税事宜但未领用发票、无欠税及罚款的纳税人可以实行清税证明免办业务，对纳税信用级别为A级和B级的纳税人、未纳入纳税信用级别评价的定期定额个体工商户、未达增值税纳税起征点等满足五种情形之一的纳税人，即可在办税服务厅限时办结，无须经由相关部门查账。国家税务总局的这一举措起到了进一步优化办理企业注销程序，积极落实党中央、国务院关于优化营商环境、深化"放管服"改革要求的重要举措，在给纳税人带来便利的同时，也杜绝了因企业办理注销所可能滋生的腐败问题。但是在当前虚开增值税发票等涉税违法案件高发的态势下，也给不法分子提供了钻制度空子的便利，一些企业在申请注销时，尚有未处理的固定资产、存货，应付账款未付等情况，但满足简易注销条件即可直接在各办税服务大厅注销无须查账，因此可能会导致税款的流失，同时可能导致产生税收执法风险。

2.6.2 国外税务机关针对企业税收风险管理的现状

美国的税务系统相对于我国来说更加完善，因此税法体系相当复杂。为了消除税收的潜在风险，美国国家税务局（IRS）对此也采取了较为有效的措施，即与大企业直接接轨，在谅解协议之下公正、透明地进行合作。难免有些具有高税收风险的大企业并不希望以这种方式接受管理，这种情况下美国国家税务局（IRS）就可以采取执法的形式对企业的总部及其分支机构展开税务审计。每年美国国家税务局（IRS）都会针对企业进行详细具体的税务审计规划，范围涵盖了各种规模、各种类型纳税人以及启动审计过程的企业数量。

英国税务局（HMRC）将调控风险水平的因子分为内部与外部两方面的内容。外部因素主要由世界经济情形的复杂程度、各国之间税务管理体系的差异性、商业环境的动态变化以及交易过程及结构的调整。而内部因素则包括了企业自身的税务规划、公司内部结构、公司整体经营范围以及与税务局的相关性。英国税务局将大企业的税务风险评估视为一项重要的工作，通常要以权威的风险评估模板为依据对主要纳税人展开复杂的评估流程。那些自觉履行纳税义务、税务争议指数相对不高、愿意并能够为申报过程清除障碍、制定了透明的税务规划的纳税人，被英国税务局认为是低风险纳税人，并对他们具有较高程度的信任，这样的情况下，纳税人也会及时与税务局沟通，配合税务局的工作。反之，当纳税人不能制定税务管理策略、不具有承担税务风险的能力以及不能达到预期的税务目标时则被认为是高风险纳税人。

澳大利亚的税务风险管理体系针对不同规模的企业采取了不同的管理制度，最终呈现出了金字塔形。也就是对处于金字塔顶的企业强加管理，在一定情况下甚至可以采取强制措施；中部企业可以在税务局的协助下进行自我管理；而处于金字塔底部的企业对自身的管理体系有较强的依赖性。企业在金字塔中所处的位置是会随着具体情况而改变的，其中税收策略是一个重要因素，当企业以预约定价为策略时就能降低由定价所带来的风险，从而促进企业由强制管理向自我管理转移，即由金字塔顶部降到底部。除此之外，澳大利亚税务局对合作遵从模式进行了构建，通过及时与大企业之间进行沟通联系，把握企业发展动向，在加强对大企业税务管理强度的同时，使征纳成本达到了最低。在低成本的模式下，更能促进大企业向自我管理的方向转变，进一步促进税务风险的降低。

法国的税务管理以基础信息系统为基础，顺应着税收管理的需求而进一步发展，具有一定的实用性，但相关规定较为复杂，在一定程度上阻碍着税收管理的发展。法国税务部门对此进行了研究，并提出了"数据仓库"的理念，通过对信息系统的完善、标注的统一、接口的重建，使得信息交流更加快速通畅。法国税务部门可以通过合法的方式要求纳税人提供准确的信息，运用数据挖掘方法和开展国家级税收风险分析提高选案质效。法国自主开发的税收管理和SIRIUS PRO分析系统作为数据仓库，采用SASR、Matlab和自开发软件编程实现，因此SIRIUS系统为税务管理提供了夯实的信息基础，在极大程度上提高了税务管理的效率。

第3章 税收风险识别模型应用研究

3.1 研究方法和技术路线

3.1.1 研究方法

对于采集到的企业数据进行整理，计算各项指标。将样本分为实验组和对照组。对实验组进行训练，由对照组的预测结果对模型进行检验。

构建信息化税收风险管理系统，从各个环节防范税收风险，提出切实可行的一体化税收风险识别与防范措施。

3.1.2 技术路线

目前，在研究和实践领域中有关企业税收风险的识别主要采用三种途径。一是依靠分析纳税评估指标分行业建立税收风险预警模型，对相关指标赋予权重，进而通过分析纳税人风险评价积分进行评定。二是通过选取税负率、进销项比等税负状况指标以及盈利、偿债、营运等财务指标作为风险选案的指标；选取诚信纳税和有不遵从行为的两类企业的纳税申报表和财务报表作为样本数据，构建Logistic分类模型，运用预设的分类阈值进行风险判别（齐鑫鑫，2010），或采集企业利润率、税负率、用电用水量等解释变量与因变量应纳税额建立多元线性回归模型（郭鹏辉，2007）进行预测。然而，该类方法由于受地区、行业以及数据可得性差等限制，具有适应性差、推广困难等问题，因此与当前经济社会高速发展的协调性较弱，降低了税收风险识别的效率。三是通过采集纳税人诸如当月营业额及成本费用等信息，构建时间序列模型对企业各项税收金额进行预测（李鹏飞，2011）。

本书采取非参数支持向量算法（Support Vector Machine，SVM）对企业是否存在税收风险问题进行分类识别。SVM最早由数学家Vapnik（1995，1997）提出，一开始即是用来解决分类问题，包括模式识别、特征提取、逻辑推理等，即支持向量分类（SVM for Classification，SVC）。SVM由输入层、特征层和输出层构成，把输入空间非线性映射到高维的特征空间，然后在输出空间上进行线性回归和分类，通过利用历史数据或经验不断改善系统自身的性能，以达到进行智能数据分析和预测的作用。其核心理论是根据有限的样本信息在模型的复杂性（即对特定训练样本的学习精度）和学习能力（即无错误地识别任意样本的能力）之间寻求最佳折衷，以期获得最好的推广能力。

SVM方法避开了从归纳到演绎的传统过程，实现了高效的从训练样本到预报样本的"转导推理"，大大简化了通常的分类和回归等问题，并且该算法对于小样本数据尤为适用。SVM虽然原理复杂，但是只要选择好算法并实现了编程，其预测速度远远快于传统方法，更加方便实用并且更准，其强大的预测能力，使得研究者对宏观和微观金融变量的预测能力获得了一次质的飞跃和提高（陈诗一，2008）。目前，该方法在国内多应用于金融市场预测，在企业风险研究领域多应用于财务危机预警和舞弊识别方面，吴冬梅等人（2010）建立了基于支持向量机的财务危机预警模型，结果表明支持向量机模型对于企业破产风险有较强的预测能力。金花妍等人（2014）基于舞弊三角理论，对企业财务舞弊风险因素进行T检验，选取显著特征运用支持向量机模型和Logistic回归分析方法构建了舞弊识别模型并进行了结果比较，结果显示支持向量机模型无论在训练集还是测试集方面的识别率均高于Logistic回归。目前，笔者尚未看到将该方法运用到税收风险分类识别预测方面的相关研究，本书采用Matlab软件编程，核函数选用高斯函数，参数通过二次规划求出。

3.1.3 创新点

为了防范企业出现税收风险，学术界进行过一系列的深入探讨。与以往从宏观层面抑或分行业的税收风险识别研究不同，本书克服了以往单一指标单一行业的非全面研究，基于长春市部分大中型企业数据，首次运用先进的非参数支持向量分类算法（SVM），综合相关指标对企业是否存在税收风险进行分类识别和预测，并将分类结果同Logistic分类进行了比较。本书从税务机关纳税服务视角提出了切实可行的企业税收风险的防范对策，并在此基础上提出一套比较完整的可以兼顾企业自身税务风险防范的信息化税收风险管理系统。

本书所述内容的实施和推广一方面有助于基层税务机关开展税收风险识别工作，为税务机关开展信息管控税收风险打下坚实基础，起到促进各行业税收管理的规范化和精细化作用；另一方面有助于税务机关辅助企业进行税收风险防范，企业可以运用该方法加强内部税收控制，防范自身潜在的税收风险。

本章的贡献主要表现在以下四个方面：（1）给出了企业涉税风险类型。将风险承受类型划分为正常纳税、少缴税和多缴税三种类型。（2）筛选出税收风险指标。通过均值异方差检验和多重共线性检验并结合Logistic回归筛选出五项能够反映税收风险的财务指标。（3）借助SVM方法对企业税收风险进行智能化自动识别。采取非参数支持向量机方法（SVM）的优势在于不需要事先知晓模型的形式，避免了多种古典假设，并且适用于小样本数据（陈诗一，2008）。SVM方法是支持更高精度和预测准确性的非参数向量分类、分层算法，与我国区域经济发展不平衡、行业分布不均衡、企业经营规模跨度大的现状相协调，极大地提升了风险模型在空间维度中的适应性。（4）方法的可操作性强，推广意义重大。本书同时采用了Logistic回归方法，既是对问题的验证，同时在模型解释方面也是一种补充。

3.2 征纳双方风险类型假设

考虑征纳双方的风险承受类型，结合具体税务情形，本书将风险类型做出如下三个假设：

类型1：企业正常缴纳税款情况，纳税人和税务机关均不承受风险。

类型2：企业少缴纳税款情况，涉税风险由企业承受。纳税申报是企业法定义务，纳税人自主申报为税收征管起点，并对其申报内容的真实性和准确性负责。同时，考虑到税务机关的纳税评估和税务稽查等事后监管程序以及征管滞纳金和行政税收处罚等事后处罚程序，从经济角度出发，企业承担的涉税风险明显高于税务机关的征管责任风险，故少缴税款的风险实际上转移到企业方。

类型3：企业多缴税款情况，涉税风险由税务机关承受。目前，征管法赋予纳税人对多缴税款退、抵方式选择权以及利息请求权，从经济角度出发，企业涉税风险微乎其微。相反，对于税务机关而言，启动退税流程、支付税款利息无疑加大了税款征收成本。因企业对减税降费政策未能及时掌握，导致多缴税费，税务机关存在一定税法宣传不到位的责任。另外，税收摩擦可能带来的行政复议甚至行政诉讼，也增加了税务机关的责任风险。因此，税务机关承受多缴税款风险的假定有较强的现实基础。

基于以上三个假设和研究目的，本书风险识别重点只关注第2类企业少缴税款风险和第3类税务机关多收税款风险。但为比较和鉴别各模型的风险识别能力，本书依然把第1类无风险数据引入数据样本空间，作为相对变量（参照变量）进行识别分析。

3.3　样本和指标选取

3.3.1　样本选取

本书采集长春市稽查局和各区局检查过的部分大中型企业（不含上市公司）2014、2015、2016连续三年数据信息。鉴于在2014、2016两个年度，我国分别在多个行业进行了大规模"营改增"的税制改革，地税机关集中清缴陈欠营业税，企业实际缴纳税款存在较大波动性，为保证样本数据稳定性和分析结果真实性，本研究采用2015年数据为样本。（1）选取40户经检查正常纳税的企业，记为类别1；（2）30户经检查存在补缴税款，包含企业所得税、增值税及附加、个人所得税、契税和印花税，不含房产税和土地使用税的企业，记为类别2；（3）8户经检查多缴税款的（包括小微企业未享受优惠税率，利润未弥补以前年度亏损以及预缴企业所得税后多产生税款而未进行退税情形），记为类别3。涉及的企业主要包含贸易类、制造类、咨询服务类、建筑类等行业企业。

3.3.2　指标选取

本书指标的选取主要基于以下三方面原因：（1）通过对企业涉税数据和财务报表（资产负债表和利润表）进行汇总整理，指标的选择依据财务稳定性代表指标，具体包括综合考虑企业税收负担状况的指标（包括税收负担率、进销项比）；企业盈利能力指标（包括销售毛利率、销售净利率、总资产利润率、主营业务利润率、主营业务成本率、营业利润率、净资产收益率等）；企业营运能力指标（包括存货周转率、应收账款周转率、总资产周转率、流动资产周转率）；企业成长能力指标（包括主营业务收入增长率、净利润增长率、净资产增长率和总资产增长率）；企业偿债能力指标（包括现金流量比率、资产负债率、流动比率、速动比率等）。（2）考虑到数据可获得性及真实性，本书依托税务机关自身数据资源，运用现有的金税三期平台由纳税人自行申报的数据和企业财务报表信息（例如进销项比、现金流量比率无法从税务机关角度获得），将可得数据按照所选指标进行归纳整理。（3）参考纳税评估模型（王立东，2014）中的评估指标（弹性系数）并结合自身工作经验，从上述指标中选取共计10个指标，具体包括：总体税负、资产利润率、主营业务利润率、主营业务成本率、营业利润率、总资产周转率、应收账款周转率、主营业务收入增长率、资产负债率和弹性系数（具体计算公式如表3-1所示）。

表3-1　风险识别指标及计算公式

风险识别指标	计算公式
因变量	正常缴税1，少缴税2，多缴税3
总体税负	（各项税收总量/主营业务收入）×100%
资产利润率	（总利润/总资产）×100%
主营业务利润率	［（主营业务收入−主营业务成本−主营业务税金及附加）/主营业务收入］×100%
主营业务成本率	（成本/主营业务收入净额）×100%
营业利润率	（营业利润/全部业务收入）×100%
总资产周转率	（销售收入/平均资产总额）×100%
应收账款周转率	（主营业务收入/平均应收账款余额）×100%
主营业务收入增长率	［（本年主营业务收入−上年主营业务收入）/上年主营业务收入］×100%
资产负债率	（期末负债总额/期末资产总额）×100%
弹性系数	主营业务收入变动率/主营业务利润变动率

对上述指标数据进行独立样本 t 检验和多重共线性检验，正常纳税和少缴税两组数据显著性水平为0.021、0.064、0.328、0.213、0.489、0.022、0.018、0.007、0.063和0.066，除主营业务利润率、主营业务成本率和营业利润率不显著外，其余指标均在10%水平下显著，考虑到所选行业跨度大是导致主营业务成本率不显著的主要原因，故仅将主营业务利润率和营业利润率两项指标剔除。多重共线性检验结果中，除弹性系数的条件指数为215外，其余结果均小于10，说明弹性系数与其余指标存在共线性，故将其剔除，提取7项指标分别为总体税负、资产利润率、主营业务成本率、总资产周转率、应收账款周转率、主营业务收入增长率和资产负债率。

依据表3-1由金税三期平台中的企业所得税申报表和涉税数据可以计算出各项指标对应的数值，为消除变量间量纲关系，对所选的七个指标数据进行标准化处理，分别运用多元Logistic回归和非参数支持向量分类模型（SVM）对数据进行训练，通过实证研究，对新选取的60户企业（对照组）进行分类识别，以期对企业是否存在税收风险（第2类和第3类）进行预测并识别风险点。

3.4 回归模型构建

3.4.1 Logistic回归模型

Logistic回归是一种针对属性响应变量的广义的线性回归分析模型，常用于数据挖掘、疾病自动诊断、经济预测等领域，它具有稳健性强、模型的可解释性好等优点，是一种常用的分类方法。Logistic回归模型的研究开始于19世纪80年代，随着研究的不断深入，逐渐形成了二分类Logistic回归模型、多分类Logistic模型、多水平Logistic模型和模糊Logistic模型等回归模型。下面仅简单介绍二分类和几种常见的多分类Logistic回归模型的形式。

3.4.1.1 二分类Logistic回归模型

二分类Logistic回归模型是最常见的Logistic回归模型，该模型最先由Cox于1970年提出，它的响应变量取值只有两个，例如用1表示"成功"，用0表示"失败"。假设训练集 $T = \{(x_i, y_i) | i=1, 2, \cdots, m\}$，其中 $x_i = (x_{i1}, x_{i2}, \cdots, x_{in}) \in R^n$，$y_i = 1, 0$，令 $P_i = P(y_i = 1 | x_i)$ 表示事件 $\{y_i = 1\}$ 在样本条件下发生的概率值，则有如下回归模型：

$$\ln\left(\frac{P_i}{1-P_i}\right) = \log it(P_i) = \alpha + \sum_{j=1}^{n} \beta_j x_{ij} \quad (3.1)$$

即：

$$P_i = \exp\left(\alpha + \sum_{j=1}^{n} \beta_j x_{ij}\right) / \left(1 + \exp\left(\alpha + \sum_{j=1}^{n} \beta_j x_{ij}\right)\right) \quad (3.2)$$

在已知 x_i 和 P_i ($i = 1, 2, \cdots, m$) 的条件下，采用极大似然法对回归模型的参数 α 和 β_j ($j=1, 2, \cdots, n$) 进行估计，然后使用模型（3.1）或（3.2）对响应变量分类进行预测。

3.4.1.2 多分类Logistic回归模型

在生物医学、金融市场等领域中响应变量通常为多分类的情形，所要预测的结果在两种以上，因此基于这种情形需要运用多分类Logistic回归模型。根据响应变量是否有序，可建立无序或有序响应分类Logistic模型。

1. 无序响应分类 Logistic 模型

该类模型是 Anderson 于 1972 年在二分类模型的基础上提出的，适用于响应变量之间没有某种自然顺序或等级划分的情况。假定以第 K 分类为参照类，模型形式如下：

$$P(Y=j|X) = \exp(\alpha_j + \beta_j^T X)/(1+\sum_{i=1}^{K-1}\exp(\alpha_i + \beta_i^T X)) \quad (3.3)$$

即：

$$\ln(P_j/P_K) = \alpha_j + \beta_j^T X \quad (3.4)$$

其中 $X^T = (X_1, X_2, \cdots, X_n)$ 为解释变量，$j=1, 2, \cdots, K$ 为响应变量 Y 的分类类别，回归系数 $\alpha_K=0$，$\beta_K=0$，$\{\alpha_j\}$ 和 β_j ($j=1, 2, \cdots, K-1$) 为待估参数。

2. 有序响应分类 Logistic 模型

该类模型适用于响应变量按某种自然顺序或等级划分分类的情况，如满意度或者风险等级可以分为低中高等情形，有序多分类的Logistic回归原理是将因变量的多个分类依次分割为多个二元的Logistic回归，该模型形式如下：

$$\ln(P_j/(1-P_j)) = \alpha_j + \beta^T X \quad (3.5)$$

其中 $P_j = P(Y=j|X)$，$j=1, 2, \cdots, K-1$，$\beta^T = (\beta_1, \beta_2, \cdots, \beta_n)$ 和 $\{\alpha_j\}$ 为待估参数。

上述模型可以通过Wald检验、似然比检验和得分检验等常用的模型参数显著性检验方法进行显著性检验。

3.4.2 SVM回归模型

3.4.2.1 模型介绍

支持向量机（SVM）是一种建立在结构风险最小化（SRM）原则的基础上，借助于最优化方法解决机器学习问题的数据分析工具，它处理优化问题的约束条件是样本的训练误差，目标函数是参数的置信区间最小化，它的核心思想是通过"核函数"方法将高维空间中线性不可分问题转变成线性可分问题进行求解。SVM最早由数学家Vapnik（1995）提出，一开始即是用来解决分类问题，包括模式识别、特征提取、逻辑推理等。SVM算法从样本特征上又分为线性SVM和非线性SVM，即是否能够找到一条直线或平面（统称为超平面）将样本进行分割，并使两类样本之间间隔达到最大。

3.4.2.2 线性可分SVM模型

本书采取非参数支持向量机算法（SVM）对企业是否存在税收风险问题进行分类识别。有关线性可分SVM和线性不可分SVM原理一些文献中都有详细介绍（参见窦智宙等，2009），模型就是尝试找到一个超平面，能够把所有的二元类别隔离开。对于这个分离的超平面，我们定义为 $w^Tx+b=0$，如图3-1。在超平面 $w^Tx+b=0$ 上方的我们定义为 $y=1$，在超平面 $w^Tx+b=0$ 下方的我们定义为 $y=-1$。可以看出满足这个条件的超平面并不止一个。那么这么多可以分类的超平面，哪一个是最好的呢？或者说哪一个是泛化能力最强的呢？

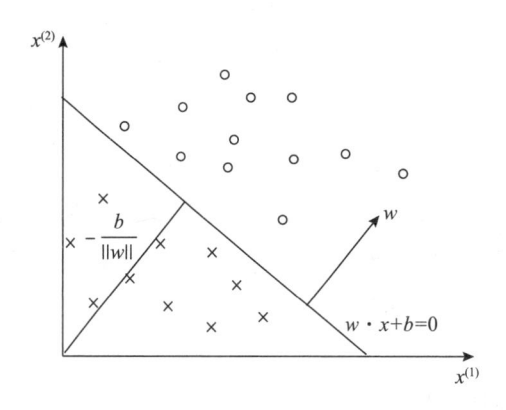

图3-1 二元超平面

和超平面平行的达到边界点的函数距离的这两个超平面对应的向量，我们定义为支持向量，如图3-2虚线所示。

支持向量到超平面的距离为 $1/\|w\|^2$，两个支持向量之间的距离为 $2/\|w\|^2$。

下面针对本书所选指标对该模型做简要的描述：

对于一个二分类样本集$D=\{(x_1, y_1)\}, L\{(x_n, y_n)\}$，其中$n$为样本量，为特征向量（$x=(x_1, \cdots, x_5)^T$），$y_i (i=1, 2\cdots, n)$为分类标记（$y_i=\{-1, 1\}$）。在样本特征空间通过寻找最优超平面$(w, x)+b=0$，以使训练样本集能够让所有误分类的点到超平面的距离和最小，对于线性可分情况，即为优化约束问题：

$$\min \frac{1}{2}\|w\|^2$$
$$\text{s.t.} \ y_i(wx_i+b)-1 \geqslant 0 \ (i=1, 2\cdots, n) \quad (3.6)$$

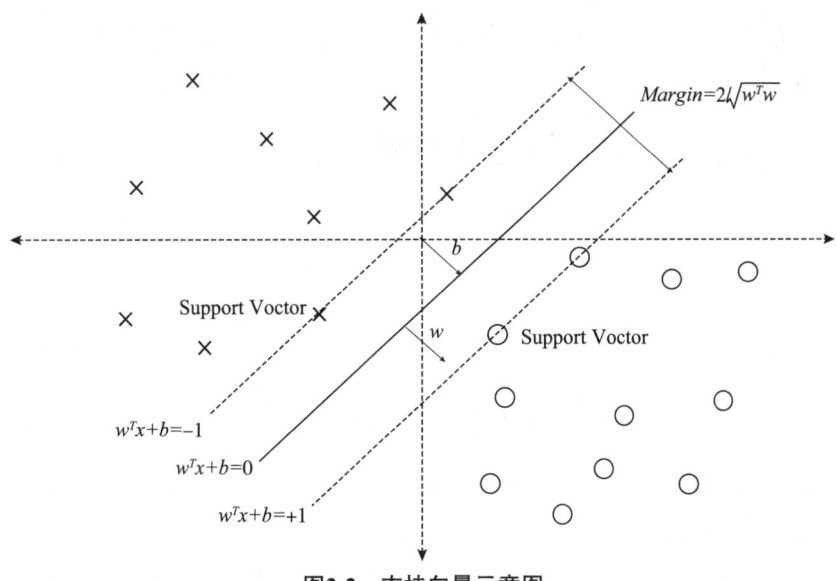

图3-2 支持向量示意图

构造拉格朗日函数将问题转化为：

$$\max Q(\alpha) = \sum_{i=1}^{n} \alpha_i - \frac{1}{2}\sum_{i=1}^{n}\sum_{j=1}^{n}\alpha_i\alpha_j y_i y_j (x_i, x_j)$$
$$\text{s.t.} \sum_{i}^{n} y_i \alpha_i = 0, \ \alpha_i \geqslant 0 \ (i=1, 2, \cdots, n) \quad (3.7)$$

其中α_i为（3.6）中每个约束条件对应的拉格朗日乘子，α_i^*为满足条件的最优解，其对应的训练点为支持向量SV。预测函数为$f(x)=\text{sgn}\{\sum_{i=1}^{n}\alpha_i^* y_i (x_i, x)+b^*\}$，$b^*=y_j-\sum_{i=1}^{n}\alpha_i^* y_i (x_i, x_j)$为分类阈值。

3.4.2.3 线性不可分SVM模型

对于线性不可分情况，则需在式（3.6）中引入松弛变量ξ_i和惩罚参数，优化问题如下式：

$$\min \frac{1}{2}\|w\|^2 + P\sum_{i=1}^{n}\xi_i$$

$$\text{s.t. } y_i(wx_i+b)-1-\xi_i \geq 0 \ (i=1,2,\cdots,n) \tag{3.8}$$

$0 \leq a_i \leq P\ (i=1,2,\cdots,n)$。

其求解方式与（3.7）类似，对非线性可分情况，其对偶规划中增加了核函数，即：

$$\max Q(\alpha) = \sum_{i=1}^{n}\alpha_i - \frac{1}{2}\sum_{i=1}^{n}\sum_{j=1}^{n}\alpha_i\alpha_j y_i y_j K(x_i, x_j)$$

$$\text{s.t. } \sum_{i=1}^{n} y_i \alpha_i = 0$$

$$0 \leq a_i \leq P\ (i=1,2,\cdots,n)$$

$$f(x) = \text{sgn}\{\sum_{i=1}^{n}\alpha_i^* y_i K(x_i, x) + b^*\} \tag{3.9}$$

$K(x_i, x)$为核函数，常用的核函数有多项式内核函数和径向基（RBF）核函数，本书选取多项式核函数，具体形式为$K(x_i, x_j) = (x_i x_{j+1})^d$。

本书多分类采用一对一SVM方法，基于二分类算法构造三个二分类器，具体操作方法是建立三个二分类器，分别是1类企业数据为正向输入，2类企业数据为负向输入；1类企业数据为正向输入，3类企业数据为负向输入；2类企业数据为正向输入，3类企业数据为负向输入。对于每一个二分类器均采用上述非线性可分SVM方法，采用留一法交叉验证方式，即将每一个样本作为测试样本，其余$n-1$个样本作为训练样本，得到 个分类器，将所有的结果取平均值衡量模型的性能。对于新的数据可以通过上述方法自动给出分类结果。

3.5 两种模型税收风险识别结果比较

3.5.1 多分类Logistic回归结果

由于报告中要反映的变量不属于有序分类情形，因此采用无序多分类Logistic回归方法对税收风险进行识别分类，参考类别为第1类正常纳税企业，运用SPSS软件对上述问题进行无序多分类Logistic回归，分类变量记为$Y=(1,2,3)$。模型的自由度为1，似然比检验结果显示税负和总资产周转率两项指标显著性水平大于10%，故将此两项指标剔除，最终提取五项指标即为资产利润率、主营业务成本率、应收账款周转率、主营业务收入增长率和资产负债率，记为$x_1, x_2, \ldots, x_5$。将第1类正常纳税企业作为参照组，第2, 3类发生的概率通过构建税收风险识别模型的具体形式为：

$$\ln\left(\frac{P_{少缴税}}{P_{正常纳税}}\right) = \alpha_{少缴税} + \sum_{i=1}^{5}\beta_{少缴税 i} x_i$$

$$\ln\left(\frac{P_{多缴税}}{P_{正常纳税}}\right) = \alpha_{多缴税} + \sum_{i=1}^{5}\beta_{多缴税 i} x_i$$

其中$i=1, 2, \cdots, 5$，具体回归结果见表3-2：

表3-2 多分类Logistic回归分类结果

风险类别1（正常纳税）	少缴税 B	少缴税 Wald	少缴税 Sig	多缴税 B	多缴税 Wald	多缴税 Sig
截距	0.009	0.048	0.241	−4.472	3.376	0.066
x_1	0.091	0.047	0.041	−0.064	0.018	0.321
x_2	0.220	0.212	0.455	−1.389	1.262	0.087
x_3	−1.001	2.4	0.100	−3.858	0.860	0.354
x_4	−0.655	0.859	0.067	−1.268	2.283	0.131
x_5	2.034	4.954	0.026	4.412	1.604	0.145

可以看出相对正常纳税企业而言,资产利润率指标在少缴税款情况下,对企业税收风险有正向影响,说明资产利润率越大企业倾向于少缴税,可以理解为盈利能力强的企业为了进一步追求利润最大化存在少缴税的激励,而在多缴税款情况下系数为-0.064且不显著;主营业务成本率对少缴税和多缴税两方面的模型系数分别为0.22和-1.389,在少缴税款情况下系数不显著,而主营业务成本率越小企业倾向于多缴税。说明相对正常纳税企业而言成本较低的企业容易发生多缴税情形;应收账款周转率系数分别为-1.001和-3.858,在多缴税款情况下系数不显著,对少缴税企业而言,应收账款周转率越低,企业回款速度慢会导致企业存在偷漏税风险;主营业务收入增长率指标系数均为负,分别为-0.655和-1.268。营业收入增长率下降会增加企业发生少缴税的概率,这表明企业运营能力与财务管理能力具有协同效应,收入增长慢、运营能力差的企业会存在少缴税心理,在多缴税款情况下系数不显著。资产负债率在对少缴税模型系数为2.034,说明资产负债率越高,企业净资产越少,其少缴税的激励越大,多缴税款情况下系数不显著。

3.5.2 两种方法结果比较分析

SVM方法采用Matlab软件编程,调用svmtrain语句按照上述方法进行分类,对每一个样本分类正确返回1,错误返回0,经计算训练样本准确率(即分类精度Z值)为88.46%,每一类的准确率分别达到87.5%,90%和87.5%,对于60个测试样本,其中第一类30个,第二类20个,第三类10个,分类结果为第一类分类精度为86.7%,第二类90%,第三类90%。而Logistic分类的总体分类准确率为78.2%,每一类的准确率分别达到80%,73.3%和87.5%,预测结果第一类分类准确率为76.7%,第二类80%,第三类90%(两种方法结果比较见表3-3)。

表3-3 每一类样本分类及预测精度

类别	SVM分类准确率	预测准确率	Logistic分类准确率	预测准确率
1	87.5%（35/40）	86.7%（26/30）	80%（32/40）	76.7%（23/30）
2	90%（27/30）	90%（18/20）	73.3%（22/30）	80%（16/20）
3	87.5%（7/8）	90%（9/10）	87.5%（7/8）	90%（9/10）
总体	88.46%（69/78）	88.3%（53/60）	78.2%（61/78）	80%（48/60）

结果表明对于第1类正常纳税和第2类少缴税风险，SVM算法预测准确率高于Logistic模型的准确率，对于第3类多缴税风险，两种模型的识别准确率相当，总体上SVM算法在分类识别与预测上要优于Logistic模型。考虑到对于第2类企业少缴税款风险，往往与滞纳金、罚款等行政措施挂钩，具有不可逆性，风险成本更高，因此SVM分类识别在这一方面的应用优势及推广将具有十分重大的意义。

两种方法的分类准确率均低于90%的原因主要有以下三个方面：一是所选企业行业跨度过大，样本离差大，影响分类精度；二是不排除企业在查账过程中存在账外账，提供不可靠财务信息的可能，导致影响了模型分类结果；三是不排除税务机关极个别税务干部在查账过程中，存在腐败问题，致使税款应征未征，导致已知分类数据不实的可能性。

3.6 结论与政策建议

税务机关应从提高纳税人满意度和纳税遵从度角度出发，将税收风险管理放在一个战略高度，树立税收风险管理理念，制定切实可行的税收风险管理实施方案。通过优化模型适用性，补充风险防控系统，条件成熟的情况下可以将本书所述模型嵌入到金税三期风险管理系统中，对纳税申报资料使用本书介绍的模型进行选案，在降低劳动强度的同时，自动筛选出税收风险概率大的企业及企业所面临的具体税种风险点，为自动化智能风险防控和税务稽查选案提供依据。如发现存在税收风险问题，就可能的风险点进行检查或者自查核实,以达到及时发现惩戒不遵从行为的目的。同时,加大税法宣传力度,做好纳税辅导工作,充分利用微信公众平台等现代手段,积极发挥税法宣传作用。定期组织纳税人进行两金一费、小微企业税收优惠政策等内容的培训,对新成立的企业提醒纳税人按时做好纳税申报工作并建账,避免其被列入非正常户甚至信用等级低下情况,影响纳税人社会信用等级,进而导致罚款及缴纳滞纳金情形。让纳税人第一时间了解最基本的税法知识和最新的税收优惠政策,避免企业发生多缴税款的风险。简化退税流程,防止纳税人因退税过程烦琐而放弃退税抵税。

  有条件的情况下,可以在省级和国家级层面大数据支持的情况下,考虑分税种应用本书的模型对企业税收风险进行分类识别,进而提高模型预测精度,进一步锁定企业涉及的税收风险点,降低征税成本。由于本书所选企业行业范围跨度较大,样本税负差异过大,导致该指标在模型中存在不显著情况,因此在数据量允许的情况下,可以考虑分行业运用SVM模型进行识别。

  广泛建立税收风险识别模型有助于基层税务机关在税收风险管理工作中做好税收风险应对工作,进而在全国范围内铺开企业税收风险分析识别工作。相应数据录入系统后,依托信息化平台帮助企业防控税收风险,对企业所处的每一个阶段所提示的风险点给出事先录入的相应的对策建议,形成税收风险检查报告,为企业加强内部税收控制,及时规避税收风险提供规范性指导和有价值的参考。

第4章　电子游戏行业税收风险管理

1998年，电竞游戏首次进入中国市场，经历了近十年曲折而又艰辛的发展，2007年正式成为亚洲室内运动会的比赛项目，并被提名为2020年奥运会比赛项目。逐渐成长为新生专业的电竞专业，不但得到了官方的认可，还催生了一系列新生职业，并成为城市经济新引擎。

2021年发布的《中国互联网络发展状况统计报告》数据显示："截至2020年12月，我国网民规模达9.89亿，手机网民规模达9.86亿，互联网普及率达70.4%。其中，40岁以下网民超过50%"，其中，学生网民作为主力军占比达到21.0%。在如此大规模的网民中，游戏用户达6.65亿人，占比为67.2%，同比增长3.7%，电竞游戏用户规模达4.88亿人，2019年电竞整体市场规模破千亿元大关。2020年新冠疫情期间，国家各行各业经济生活被迫按下了暂停键，娱乐业、服务业等行业受到了重创，但同时也为电商、线上教育和电竞行业相关的宅经济带来了巨大的经济收益。2020年中国电子竞技游戏市场实际销售收入 1365.57亿元，同比增长 44.16%。无论是赛事举办，还是经济态势增长，都呈现一片欣欣向荣之势，中国已然成为目前全球最活跃的电竞市场。

从家长敬而远之的"电子海洛因"到国家认可、国际认同的体育竞赛项目，电子竞技成功实现了蜕变，呈现出知名游戏ip推出衍生产品，构建游戏内容生态，联赛体系推动电竞生态与商业化发展，主场化步伐持续迈进等多元化特点。迅速的发展也带来一些不容忽视的问题，由于战队人员流动性大、交易的无纸化、收入的多元和复杂化，以及行业制度和监管等方面尚不完善，电竞行业存在代扣代缴方争议导致个税流失、传统税制难以处理复杂涉税问题等税收风险，同时电竞行业作为先进文化的一种传播方式，缺少相关支持产业生态发展的税收优惠政策，也是未来政策制定需要予以考量的。

4.1 电子竞技发展概述及趋势

4.1.1 传统体育逐渐向电竞转移过渡

现今，年轻人的社交方式、娱乐方式完全移动互联网化。移动手游、直播平台的兴起，让年轻人与游戏、电子竞技更近，与传统体育项目更远，传统体育项目的受众中年轻人的比例逐渐下降。但传统体育项目与电竞并非势不两立。体育类的电子游戏受众和影响力不如英雄联盟、DOTA、守望先锋等项目，但FIFA ONLINE、实况足球、NBA2K等体育类游戏仍然拥有海量的用户群体。因此，传统体育项目与体育电竞存在完美的融合点，由传统体育向电竞转移，吸引原有用户，进而将他们转化成赛事的拥趸。同时，电竞拓宽了传统体育的商业边界。电竞赛事能够成为传统体育新的经济增长点，克服了传统体育赛事受场地、人员、周期和场次限制，随时可以举办不受场次限制的赛事，能够弥补传统赛事留下的空窗期，吸引更多的赞助商，通过销售电竞赛事版权、兜售门票、相关衍生品，传统赛事能找到更多变现手段。

4.1.2 移动电竞市场地位稳步提升

中国移动电竞市场与用户规模持续扩大，移动游戏数量占比远超传统端游和页游，移动电竞的发展成为主要驱动力，未来的占比仍将持续增加，随着移动游戏用户的增长，为移动电竞提供了更好的市场基础和用户基础，具有更广阔的发展空间和巨大的产业发展潜力。移动电竞收入来源一是通过围绕电竞赛事的直接获利，包括赛事承办方在整个赛事运营过程中的获利；二是挖掘电竞赛事的文化效应而获利，包括相关硬件、相关内容生产和文创周边。因此其往往能超越游戏自身的关注度，溢出社会效应和产业动能。

4.1.3 电竞俱乐部发展趋势呈现多元化

电竞俱乐部通过招募实力强劲的选手及优秀的教练，在特定游戏赛事中排名靠前且赢得奖金、拉厂商赞助等方式，保障俱乐部的资金支持。据统计，2015年—2019年，中国电竞俱乐部行业市场规模从27.4亿元增长到了88.7亿元，年复合增长率达36.2%。其资本运营模式更加多元化，以"电竞+地产"这种新兴业态为例，部分地产公司携手俱乐部打造电竞商业综合体，通过提供新的商圈主题同时满足房地产商的需求和用户电竞线下娱乐需求，进一步发掘电竞的商业价值。跨界合作也将电竞行业与更多其他产业连接，优势互补、互利共赢。

电竞俱乐部通过深度挖掘青年人市场，走进高校，让电竞不再仅限于选手，同时融合游戏与音乐、电影、慈善等方面因素，不断推广泛娱乐化。

4.1.4 行业有待进一步规范，相关扶持政策有待进一步出台

2018年中国电子竞技市场规模达到880亿元。国家体育总局更是牵头举办了"NEST"比赛，每年的比赛现场都盛况空前。近几年，多个省市相继出台一系列电竞扶持政策，期望通过电竞带动旅游、文化、消费等，成为新的经济增长点，特别是在后疫情时代，电竞产业的发展将给地方经济社会发展带来蔚为可观的红利。

4.2 电竞行业收入来源及涉税风险点

近年来，电竞全行业保持快速增长。电竞经过近几年的爆发式增长，已然形成了成熟的产业模式，下面从产业链上的各个参与方来具体分析收入来源渠道和可能涉及的税收风险。

4.2.1 游戏运营

游戏运营包括游戏研发商和游戏代理商，游戏研发公司通过自主研发游戏产品吸引玩家接触游戏，进而扩大影响力，吸引更多玩家在游戏内进行消费，如买装备、买皮肤、买技能提升人物战斗力之类。现在很多游戏公司和明星合作，推出明星专属人物或皮肤，吸引很多追星青少年氪金，同时又潜在地吸引了一批新游戏用户，增加流量。由于很多游戏产品可以直接通过微信、支付宝等方式进行购买，游戏方可以通过采用多个战区多个支付账号或多种支付方式隐匿收入，因此存在税款流失的风险。

代理商则是从游戏总包那里获得代理权，在一定区域内合法代理开发商游戏的公司。二者可以是同一个公司也可能是不同公司，由于游戏开发运营成本都很高，现在大多都是联运模式，双方分成，各司其职。一级、二级代理往往是分散的电商平台，其增值税和所得税未达起征点，并且游戏交易中多是个人消费，很少涉及开具发票，税务机关很难掌握全部的代理，因此汇总到开发商的总收入很难确认，并且核税又缺少相关参考依据，很难足额纳税。

4.2.2 赛事承办运营

电竞赛事是电竞行业产业链的核心，主办方以赞助冠名及转播收入为主要来源，其他收入来源包括现场观赛门票收入、衍生品收入等。具有代表性的大型赛事有英雄联盟S系列赛、英雄联盟职业联赛（LPL）、王者荣耀职业联赛（KPL）、DOTA2国际邀请赛（简称Ti）、和平精英职业联赛（PEL）等。电竞赛事分为手游和端游，目前职业选手还是以端游居多，不过随着移动电竞的受欢迎程度越来越高，手游电竞模式也在蓬勃发展，也有专门的手游比赛。由于这一部分主要以公司为征税对象，收入相对清晰，涉及账务相对规范，因此税收风险较低。

4.2.2.1 俱乐部

俱乐部也叫战队。和体育联赛（如NBA）里的俱乐部一样，是由运动员相聚而成的互益组织，电竞的热度引发电竞俱乐部的整体估值快速上升。俱乐部的收入主要来自赞助商投资、直播平台直播签约、比赛奖金、广告代言、战队周边产品等。还有的是由非专门从事电竞相关行业的公司成立的企业俱乐部，如互联网巨头苏宁、京东、B站都组建了自己的电竞战队，大多企业俱乐部的收入支出是与总公司挂钩的，如京东JDG电子俱乐部的部分预算由总公司提供。

4.2.2.2 赞助商

投资电竞赛事+战队是广告效应的新窗口，品牌通过冠名赛事获得曝光度，赞助战队，邀请战队里的明星选手做宣传活动。赞助商主要提供资金、队服等实物或相关服务等支持，而俱乐部或赛事组织者为赞助商进行商业宣传，使品牌获得曝光，相应的给予俱乐部支持，形成互利关系。但是，这项业务往往存在未按规定缴纳个人所得税的风险。

4.2.2.3 直播平台直播签约

战队承接商业推广活动，如请明星选手或战队做代言、拍摄广告、为品牌站台等，俱乐部也可从广告费中抽成。

4.2.2.4 战队周边产品

粉丝购买喜爱的选手周边和俱乐部的产品表达他们的喜爱，许多俱乐部都在电商平台设有官方旗舰店，销售战队队服、灯牌、横幅、电竞椅等周边产品。

4.2.2.5 电竞职业选手收入

电竞选手收入来源冗杂，渠道多样，缴费基数难以确定。同时电竞从业者的收入差距很大，一个顶级的职业选手年收入能达到5000万人民币，但半职业选手或业余选手月收入仅为3000元到6000元不等。

俱乐部工资薪金收入。一般俱乐部签约的正式队员或未正式签约但劳动关系成立的成员都有该项收入。一线战队月均两万元以上，二线战队月均在八千到一万两千元左右，三线战队在月均六千元左右。

比赛奖金。只要参加比赛赢得名次就有对应的奖金，并且不同规模不同级别的比赛奖金设置差距巨大，据外媒统计，2020年全球电竞比赛总奖金排行榜中，《CSGO》以约1600万美元高居榜首，共举行570项赛事，选手数量总计2862名，也是所有电竞赛事中最多的，《DOTA2》为923万美元，《英雄联盟》以800万美元紧随其后。

转会费。近年来职业电竞选手的转会费一直保持不断攀升的趋势，如2018年老帅转会GK电子竞技俱乐部王者荣耀分部的转会费为1000万元，一举打破了由QGhAppy战队中单Cat保持的500万转会费纪录，2021年诚c转会LGD俱乐部转会费高达1178万元。

代言收入。随着互联网流量商业形态的发展，伴随着电竞热度愈发高涨，电竞选手开始利用关注度来增加收入。实力强劲的明星选手在电竞圈拥有数量和规模都不可小觑的粉丝，战队利用选手热度接代言，获得的广告费选手也会有相应提成。

直播收入。职业选手与直播平台签约，直播成为电竞选手一个很大的收入来源和变现渠道。职业选手直播的一大优势是他们在有一定的粉丝基础上用已有的成就、声望和技术水平吸引更多观众，他们一般是以游戏者的身份进入并参与游戏，同时传授游戏技巧。直播收入也不是单指一方面，其中包括平台签约费、用户打赏虚拟道具分成、广告推广费用以及电商销售等。在平台扣除一部分用户付费收入后，主播和公会会分享剩下的收入，主播往往能分到剩余部分75%的收入。

4.2.3 游戏媒体

主要为直播平台。互联网的发展悄然改变着人们的支付方式、生活习惯，新兴产业的兴起也习以为常。2013年直播行业刚刚兴起，电竞比赛开始有了视频直播，电竞给网络直播提供了很多创作内容，直播也为电竞提供了更多发展机会，类似直播这样的平台为电竞产业带来了流量来源和变现渠道，电竞赛事版权业也成为未来主要竞争点。2019年末，各大赛事版权合约陆续到期，国内主要直播平台纷纷高价购买头部电竞赛事播放版权。2020年B站就以8亿元价格拿下英雄联盟全球总决赛中国地区3年独家直播版权。

转播权分成。根据Newzoo报告，全球电竞赛事的媒体版权从1亿美元增长到2021年的4亿美元左右，在传统体育赛事版权普遍下跌的大环境上看，电竞媒体版权是增长最大的。赛事媒体版权已经成为电竞联赛创收的主要来源，一项适合电竞联赛的可持续发展的模式或许如传统体育联盟进行转播权收入分成一样，联赛组织者与联赛队伍进行转播版权收入分成，帮助队伍从他们的大额投资中获得一些回报。

4.3 相关政策建议

电竞行业的税务合规问题也是事关电竞主体切身利益的重大法律风险点。

4.3.1 厘清政府职能和市场调节关系

2018年，围绕上海打造"全球电竞之都"的目标，浦东提出建设"上海电竞产业发展核心功能区"。2019年5月，上海出台20条意见促进上海电子竞技产业健康发展。2020年7月，正值上海浦东改革开放30周年，一举落户30家电竞企业，涵盖了电竞产业发展的全门类。2018年，西安曲江新区推出一系列政策扶持发展电竞产业。2020年，北京立足产业全局，大力推动"一都五中心"建设工作，集中推出"电竞北京2020"的三大重磅活动，即北京国际电竞创新发展大会、"电竞之光"展览交易会、2020王者荣耀世界冠军杯总决赛，构建网络游戏发展的产业新格局。在政策扶持方面，海淀区、石景山区、北京经济技术开发区发布扶持政策，通过真金白银投入与政策引导来支持电竞产业发展；在电竞消费市场方面，北京将在线上推动移动电竞发展，在终端设备、内容研发等方面发力，催生新兴业态，助力文化消费，在线下则将推动建立游戏电竞消费体验区，为企业提供品牌展示平台，为玩家提供优质体验场景，打造线下参与的"酷玩空间"。

近几年，多地纷纷出台相关扶持政策以支持电竞产业的发展，比如打造产业园、给予相关企业租金、税收优惠、引进人才等。诚然，鼓励发展是大势所趋，由电竞带来的多边产业旅游、文化交融等都是红利，而它背后代表的也是客观的利益，无论是从平台方、赛事运营方还是参与方都缺少特定的法律法规对其进行合理分配。鼓励发展是好事，但各个地方政府出台的支持政策各不相同，促进其发展的同时也带来了差距愈来愈大的问题。

税务部门应灵活使用把大型数据服务企业、社会组织作为税收治理的重要参与者和合作伙伴引入税收治理体系。二要完善法律法规，明晰治理主体各相关方的权利与义务，重构税务部门与私人部门、社会组织等之间的治理关系。在已有的法律基础上建立全新合理有效的针对电竞行业的法律框架。

4.3.2 明晰俱乐部、电竞选手与直播平台之间的法律关系

数字经济时代下最重要的是人吗？不只是人，还有数据。数据流带来经济效益和社会效益，以人为基本点，向外辐射，一切的交易都可通过网络进行。现在的电子竞技也构建了一个完整的产业生态，而我们的税法健全完善不及世界发展的脚步，如电商平台的构建远远早于电商法的出台。法律因人而存在，新事物的出世必将经历一段管理模糊期，法律的滞后性是必然的，现在迫在眉睫的就是对电子竞技出台专门性法律，避免纳税方刻意钻税法漏洞或是利用征收机关与纳税义务人信息不对等，有意地不提供相关数据逃避纳税义务。

实务中就存在有电竞平台方未给平台内电竞选手代扣代缴个人所得税而被追缴巨额税款的案例。

对于获得的电竞平台方发放所得，按照电竞平台与电竞选手之间法律关系的不同有不同税务处理方式。电竞平台方是否应当为电竞选手扣缴个

人所得税，取决于电竞平台方与电竞选手之间的法律关系，不同的法律关系下个人所得税缴纳有所不同。

当电竞俱乐部或电竞直播平台与电竞选手之间只能建立劳动/劳务关系的情况下，未履行其对电竞选手个人所得税的代扣代缴义务时，主管税务机关将向纳税人追缴税款，对扣缴义务人处应扣未扣、应收未收税款百分之五十以上三倍以下的罚款。

因此电竞平台应明确自身与电竞选手之间的法律关系，在与电竞选手签署的相关协议中明确双方的权利义务关系，明确电竞选手是否接受其管理，服从其工作时间、任务等安排，并需要遵守其规章制度。在劳动关系或劳务关系下，电竞俱乐部或电竞直播平台应当依法履行个人所得税代扣代缴义务。

商业合作关系下，电竞平台方与电竞选手间不存在人身隶属关系，亦不存在代扣代缴义务，因此建议电竞俱乐部或电竞直播平台将与电竞选手之间的劳动/劳务关系转化为商业合作关系。电竞平台可以协助优质电竞选手设立市场主体，将与电竞选手之间的劳动/劳务关系转化为合作关系。市场主体的设立地点选择可以结合国内各省市出台的相关税收优惠政策。

4.3.3 税收优惠政策急需上线，打造积极的行业生态

电竞行业作为近年来蓬勃发展的新兴行业，具有明显的融合性特点，它不等同于游戏娱乐，在形式上接近运动项目，在内容上接近文化项目，并与传统体育合而不同，它们合在竞赛，不同于内容，是一个跨领域项目。经济全球化、文化全球化是时代的主题，电子竞技很大程度依赖线上平台，特别是受疫情影响不适合大规模线下聚集，虽然国内已基本恢复正常的生活生产，但国外疫情依然严峻。电竞观众遍布世界各地，且各个国家地区都会举办赛事，选手、俱乐部的所得按国际税收法属于所得来源地，各个国家区别居民与非居民的标准有所不同，且我国既实行居民管辖权又实行地域管辖权，那么对于远赴国外参加比赛赢得奖金的选手若有双重征税问题应如何解决？对于电子竞技员的分类标准都研究了一年多才有近期的文件，对于电竞的发展更应将税收政策提上日程，重新梳理数字经

济对电竞税收治理正在产生和潜在带来的巨大改变，及其背后的新逻辑、新要义、新方向，为转型策略选择提供理论支撑和路径指引。

4.3.4 电子竞技的税收管理应具有创新的理念与方法

应与大数据及其技术有机地结合起来，以大数据的视角，开发电子竞技分析系统，对我国电竞行业进行全面分析。

根据对电竞大数据平台的数据挖掘分析，依靠其关联规则和聚类分析算法进行模型验算，找出电竞产业发展中社会、政策、体育、经济、文化等因素之间的关联规则，结合我国现行制度及相关规划，对我国电子竞技的发展进行科学的宏观规划与微观布局。牢牢抓住数据这一核心要素，充分利用大数据、互联网、区块链等数字经济时代下的产物，为减少电子竞技相关税收风险做出贡献

第5章　影视行业税收风险管理

2018年5月，崔永元"炮轰"天价片酬，并爆出了影视圈"阴阳合同"、偷税漏税等问题后，有关部门随即介入调查，国家税务总局也下发了通知，要求严查此事，公众开始广泛关注娱乐行业税收风险问题。2021年，上海市税务局第一稽查局对郑爽2019年至2020年未依法申报个人收入1.91亿元，偷税4526.96万元，其他少缴税款2652.07万元，依法作出追缴税款、加收滞纳金并处罚款共计2.99亿元的处理处罚决定。2021年9月18日，国家税务总局办公厅发布通知，要求进一步加强文娱领域从业人员税收管理。2021年10月，郑州金水区税务局运用大数据实现信息系统自动提取数据，加大文娱领域从业人员税收征管力度，追征一名网红的662.44万元税款收入国库。可见，一方面当前我国影视行业一线明星和影响力大的网红收入颇高，另一方面，也存在着较高的税收风险问题。因此，在全国上下共同为实现"中国梦"而努力之际，为了维护公共社会和谐发展，为纳税人创造公平、透明的办税环境，实行税收风险识别与防控的信息一体化将是十分必要和可行的。

5.1　影视行业企业所得税问题的发展阶段

5.1.1　第一阶段：影视行业税务问题渐受关注

2018年10月2日，国家税务总局下发《国家税务总局关于进一步规范影视行业税收秩序有关工作的通知》（以下简称《通知一》），通知下发后，税务机关给了相关从业人员一定时期的改正期，之后综合自查自纠、督促纠正等情况，对个别拒不改正的影视行业企业及从业人员开展重点检查，并依法处理。2019年7月前，对在规范影视行业税收工作中发现的问题，要灵活应对。而这之后在规范税收秩序工作中，对发现的税务违法违纪问题和出现偷逃税行为的，要按照法律规定严格处理。[①]由此可见，影视行业存在的税务问题对国家而言并非无足轻重，同时，彼时各地税务机关对于影视行业的税务问题监管缺失也是无可辩驳的。

5.1.2 第二阶段：影视行业逐渐成为税务稽查重点

《通知一》要求："各级税务机关要加强对影视行业的税源管理。建立健全各地税务机关与宣传、文化、市场监督、广电等部门的协作机制，及时掌握影视企业和影视行业从业人员经营活动、收入、纳税等信息。帮助和督促影视行业纳税人健全财务制度、设置账簿，依法确定影视行业纳税人税款征收方式"。显而易见，影视行业的所得税问题已经成为税务稽查的重点，更应该尽早意识到行业和自身的问题，加以改造或调整。[②]

5.1.3 第三阶段：影视行业税务监管形式愈加复杂

自2019年6月份以来，有超过90家影视公司申请注销，包括了赵本山、宁浩等多位知名艺人的企业，在很大程度上，均与政策的推进有关。从微观层面上看，影视行业只是目前被"税务稽查令"席卷的一个小例子。从宏观层面上看，影视行业目前所承受的"税务稽查令"风波，引火线虽然是"崔永元曝光的阴阳合同事件"，然而这个事件的出现，与整个国家的大形势是分不开的。2017年1月，国家税务总局出台《全国税务稽查规范》，对2017年的税务稽查工作进行了总体的安排与计划。2017年2月，国家税务总局稽查局又印发了《2017年税务稽查重点工作安排》的通知，国税、地税全面出动，对税务违法行为进行严厉打击。[③]

---

① 付伯颖，席卫群，徐志，等.拧紧责任链条：规范影视行业税收秩序[J].财政监督，2018（22）：13.
② 鞠秦仪.从风光无限到身陷囹圄[J].检察风云，2018（15）：3.
③ 王超.浅析中小企业税务风险及控制措施[J].中国国际财经（中英文），2017，17：163-164.

5.2 出现风险的原因分析

作为人们休闲娱乐非常重要的一部分，影视行业的发展丰富了人们的日常生活，在一定程度上反映了一个社会总体的价值观念和追求。与传统产业相比，影视业的成立耗费的资金更少，不受场地、经营场所等的影响，公司的启动成本更低。因此，在税收优惠政策较多的地区，影视企业更容易聚集成立。同时，在成本方面，影视行业的成本更多是用于支付相关从业人员的工资薪金以及劳务费用，这与主要成本用于固定资产购买的制造业等行业有着明显的区别。例如：据新闻披露，《如懿传》整部影视剧的制作成本中，仅是演员霍建华的片酬就已经达到了7000万之多，演员周迅的片酬更是高达9500万，高额收入所带来的是数量可观的个人所得税，那么这部分税收是否如期、足额的上缴就成为我们需要关注的问题。影视企业税务风险，主要是指影视企业在从事创意时由于没有遵守税收规章制度，从而使企业没有获利。以下将从影视企业的两个角度做出具体的解释说明。

5.2.1 外部环境

5.2.1.1 行业政策变动

自从郑爽"阴阳合同"事件被曝光出来后，把影视圈的税收收入问题推上了风口浪尖，引发了大家的激烈谈论。2021年8月初，慈文传媒等相关影视企业联合发布了关于抵制高昂片酬的声明，第一次明晰了明星的最高片酬限额数，每个艺人的单集价格不能超过100万，总片酬不能大于5000万。但是问题并没有消失，影视行业的税务政策又一次发生了新的变化。9月初的时候，横店的影视行业已经收到了来自国家税务总局的税务事项变更通知，其中最重大的变动就是原来的定期定额征收改变为查账征收。影视行业的税改看来虽迟但到，横店也因此成了第一个税收政策改动的试点单位。

一番深思后可以发现，此次税改并不是毫无由头，而是国家对影视行业进行深入观察了解之后才进行发布的。近些年来，影视行业不断发展扩张，规模也不断壮大，实行查账征收是行业发展的最终归宿也是必然，有利于最大化地遏制偷税漏税的违法行为。

5.2.1.2 行业税收政策不完善

我国影视行业发展一直走在前列，近年来发展势头更是一片大好。从历史上看税收一直都是国家调控经济的一项政策，在影视行业里，税收政策发挥的作用举足轻重，但我国在影视行业具体业务方面出台的相关政策仍处于不断完善发展阶段，霍尔果斯的规定是2010到2020年期间新注册的公司五年之内所得税是全免的，而横店因为是一个老的影视区，所以很多公司已经在那里注册了，它的政策是在影视试验区里注册了运营了十年的企业还会继续给予政策优惠，还有一些地方比如无锡某影视基地是用所谓叫作恒定一个业务额来进行征税。而现在的这些做法都不作数了。

在刚过去不久的2021年底，为积极提倡中宣部《关于开展文娱领域综合治理工作的通知》（以下简称《通知二》）里面关于开展文娱领域税收的工作，促进行业稳定健康发展的要求，国家税务总局发出通知，要求继续提高文化娱乐领域工作人员的税收专业水平。

值得注意的是，通知二表示："对2021年12月末前能够主动上报并按要求改正涉税问题的明星艺人可以依法从轻、减轻或免予惩处。而且通知指出要定时开展对明星艺人、网络主播的'双随机、一公开'检查，坚持把事实为依据、以法律为准绳作为原则标准，依法依规加强对影视行业偷逃税行为查处威慑力和曝光度。要加强对各级税务机关日常工作情况的监督视察，对利用职权欺公罔法的人员，要依法依规严格处理"。税收政策现在需要充分考虑历史延续性，研究出一个有效的顶层设计，这就需要影视企业的人员全面理解并熟知掌握会计规章制度和税收有关方面的法律。

5.2.2 内部因素

影视企业内部监督不到位，从业人员风险管理意识匮乏，财税人员的专业水平不达标等问题给影视企业带来的税务方面的风险称作内部风险。

5.2.2.1 影视企业飞速发展带来的税务风险

近年来，影视行业发展如日中天，影视企业数量剧增，但享有高收入高回报的影视行业，一直以来都存在一个不能置之不理的问题，就是进项成本问题。缘由是针对绝对暴利的影视行业，其大部分的经济收入都是来源于很多以劳动形式提供的劳务，即使也存在一部分日常的支出，但相较于人员工资和报酬，就不能一概而论了。影视公司虽然整体来看盈利较高，但是数以百计的演员的片酬以及其他相关人员的工资，也不可以置之不理。堆金积玉的收入，必然也负担着高昂的成本，影视行业又恰好是取得发票不容易的行业，一定会导致大部分的影视公司对于高额的税收束手无策，所以影视公司尽可能获得"节税"的税收利益的需求具有极大的遍及性。

5.2.2.2 企业内部员工税务风险意识淡薄

防患于未然对企业来说非常重要，所以要注重防范和规避风险，要有识别风险的敏锐嗅觉，也就是对于和税务有关联的事项，要求员工能对风险的发生概率进行评估，做到未雨绸缪，这样等税务风险来临时，也就不会手忙脚乱。因此，要求企业内部员工不仅要有税务风险意识，还要具备风险管理能力。

5.3 影视行业中不同主体涉税风险分析

5.3.1 明星个人

根据《中华人民共和国个人所得税法》，明星个人参演影视剧所获得的片酬应当按照"劳务报酬所得"项目计算缴纳个人所得税，具体规定："在预缴阶段每次收入不超过4000元的，减除费用800元，每次收入在4000元以上的，减除20%的费用，其余额为应纳税所得额，按照20%~40%的三级预扣预缴率预扣预缴税款；在年末与综合所得汇算清缴时税基一律减除20%的费用，按照3%~45%的七级超额累进税率计算应纳税额"。由于明星个人参演影视剧的普遍片酬都高于50000元，因此将会有将近一半收入需要折成税款入库，这在无形中增加了明星个人违背社会法律及道德采取各种手段逃避缴纳税款的动机。

5.3.2 经纪公司

经纪公司作为明星个人所得税的扣缴义务人，分为明星的个人工作室以及其他的经纪公司。其中，个人工作室在利益与立场方面与明星个人是一致的，它对于明星个人的纳税行为是无法起到必要的约束作用的，相反，在利益的驱使下，它更可能成为明星个人逃避缴纳税款的工具，帮助明星个人隐匿个人收入以达到少缴税款的目的。而对于其他的经纪公司来说，它们需要借助明星个人的影响力和号召力来得到更好的票房或者收视，因此它们通常无法客观地约束明星个人，而且为了赚取明星所带来的巨大的商业利益，它们也存在帮助明星个人逃避缴纳税款的可能性，以此攫取更大的利益。

5.3.3 制片方与发行方

对于在中国大陆上映的电影，其票房涉及分账问题，首先所有电影总票房的8.3%用于上缴相关的国家资金以及税费，那么剩余的91.3%即为"可分账票房"又称为净票房，中影数字电影发展（北京）有限公司会收取净票房的1%~3%作为发行代理费，在剩余的票房收入中，电影院分得50%，院线分得3%，制片方和发行方分得剩余的47%。因此我们可以看到制作方与发行方在电影票房收入中的获利是非常丰厚的，这也增加了其逃避缴纳税款的概率。同时，很多演职人员在影视制作周期中会担任多种职务，例如在拍摄阶段担任演员，在后期承担制片人、发行人、咨询等不同职务，通过不同职务的转变，将制片收入、片酬收入、接受咨询的收入进行拆分，以逃避高比例的税率，从而达到逃避缴纳税款的目的。

5.3.4 导演

影视行业中导演的收入一般是由制片方在分得收入之后进行分配，在实际中，很多拥有名气的导演除了取得劳务费用之外，还会要求获得票房收入的分红，而为了少缴纳个人所得税税款，制片方与导演通常会在不同阶段签署不同的合同来拆分收入，以此来避免一次性缴纳高收入下的大额税款，这也会导致个人所得税税款的流失。

5.3.5 娱乐公司

对于影视行业而言，明星群体属于稀缺资源，在很大程度上对于票房以及收视具有一定的号召力，因此在与娱乐公司的合作当中，明星往往占有更大的话语权，这也就使得娱乐公司为了更大可能的与高号召力明星达成合作而去选择与明星合谋共同逃避缴纳个人所得税，逃避税款的多少成为达成合作的理由之一，由此引发了不同娱乐公司之间的不正当竞争，使得税款流失更加严重。

5.3.6 税务机关

税务机关代表政府行使征税的权利，同时按照法律规定，不得多开征、少征、停征税款，对于纳税义务人和扣缴义务人以及纳税担保人缴纳税款的过程负有监督的责任与义务，同时对于税收违法行为应当及时进行披露，并给予相应的处罚。在现实执法过程中，存在税务人员无法抵抗巨大的利益诱惑徇私舞弊，对纳税人少征税款、隐瞒税收违法行为、对应当追究刑事责任的违法案件拒不提交等行为，严重败坏吏治民风，对税款征收、社会公平正义造成了极大的损害。同时税务机关监督管理力度松弛，缺少专人负责，监管缺失也为纳税人提供了更多违法乱纪的可能。

5.3.7 检举人

检举人提供的信息有利于税务机关快速、有效地锁定税收违法行为的行为人以及具体事项，在税务稽查过程当中，检举人通常是影视行业的从业人员或者是与明星个人影视项目相关的人员，他们对于整个事件有更深入的了解，因此他们提供的信息往往更加具有针对性和真实性。因此鼓励更多的检举人揭露影视行业税收违法行为无疑是一种解决问题的有效途径。然而在实际中，根据国家税务总局《检举纳税人税收违法行为奖励暂行办法》规定："税务机关应当根据收缴入库的税额的多少对检举人进行奖励，数额在500万以上1000万以下时，奖励2万元以下的奖金；数额在1亿元以上时，奖励10万元以下的奖金"。由此可以看出，对于检举税收违法行为的奖励是非常少的，很难对检举人形成有力的激励作用，相反，在明星个人给予更高额的"封口费"面前，检举人更有可能隐瞒已知的税收违法行为，不利于税务机关更快速高效地获取税收违法信息。

5.4 影视行业企业所得税重点风险领域

5.4.1 "阴阳合同"下的偷税

在2020年8月,演艺圈小有名气的郑爽上了微博热搜,媒体曝光了关于郑爽罚款2.99亿元的事件。这个数字在老百姓眼里是天文数字了,没想到还有更让人想不到的事情。网上不仅通报了郑爽偷税漏税被罚的消息,而且央视新闻还说到了郑爽阴阳合同的事件。此报道一出迅速占满整个抖音热搜,郑爽的影视剧主演作品全面下架,其微博也被永久禁言。上海市税务局迅速对这例偷逃税案件进行了严肃处理,如果在限定时间内郑爽补不起罚款的话,面对的将会是牢狱之灾。

那么,什么是阴阳合同呢?

阴阳合同(又称"黑白合同")是为了特殊目的,针对同一事项订立两份(或两份以上)的内容不同的合同。其中,"阳合同"就是对外展示的但并非各方真实意思表示的合同,"阴合同"是各方真实意思表示但不对外展示的合同。[①]

阴阳合同可以有两种模式:其一,"一真一假"模式,就是阴合同是真实意思表示,阳合同是虚假行为;其二,"半假全真"模式,就是单份合同类似于"说了一半的真话",是不完整的意思表示,所有的单份合同合在一起才构成完整的意思表示。

为什么要使用阴阳合同呢?自然是为了一些"见不得人"的目的。这里的"见不得人"是一个中性词,有些人采取"阴阳合同"的方式只是为了个人隐私,其实只要不违法违规,"阴阳合同"并未被强行禁止。但是,更多的人采用"阴阳合同"是别有用心,往往是以逃避国家税收等为目的,这在影视行业、房屋买卖等领域较为常见,这种"阴阳合同"就是违法行为,要受到法律制裁。"阴阳合同"不仅仅催生了"天价片酬",

---

① 张晓娜. 新药试验合同纠纷第一案[J]. 法人, 2013(6): 3.

使得部分明星盲目地追求高薪酬，导致创作环境变得浮躁不稳，很难静下心去专注于提升演技水平，从而使得参演作品质量参差不齐；还使得优秀演员和流量明星的付出和收获不对等，心态不平衡，最终不利于影视行业口碑和风评。不仅如此，还会使得国内演员薪酬占影片制作成本的比例大幅度增加，从而压缩后期制作、宣传等其他环节应用资金的数量，最终导致粗制滥造的影视作品堆积在电影市场。

在明星艺人避税的案例中，实际上的操作可能更加隐蔽，部分片酬还是按照阳合同支付，但在阳合同之外，还有其他的协议。此时，阴合同不一定是关于片酬的合同，而可以包装成共同投资开办工作室之类的约定，但双方经过沟通，明白这实际上是支付片酬的一种形式，和阳合同共同服务于逃税的目的。

在上述情形中，阴合同和阳合同都是无效的。阳合同是摆在明面上的合同，是用以纳税的合同，但阳合同属于当事人双方串通所达成的假的法律行为，双方当事人均不希望该法律行为发生效力，而只是希望它作为一个形式而存在，这样的行为也叫作"双方虚假行为"。而阴合同是存在于暗处的行为，它与别的合同唯一的区别就在于这一合同被掩盖在了阳合同之下，因此这个合同被称之为"阴合同"。而阴合同则是当事人真正的意图，但是当事人又以其他理由将这一真实表示隐藏起来，因此在民法上，这一行为被称之为"隐藏行为"。

如果以个人名义收款属于劳动报酬收入，需要按照20%~40%的税率缴纳个人所得税，并且在年底按3%~45%的税率与其他综合所得合并汇算清缴。按照明星几百上千万的片酬，45%的税率是妥妥的，但是如果真的这么缴税，大家肯定不愿意了，因此通常会注册一些市场主体，来代替个体收款，比如有限公司、工作室，平时发生的费用也可以做相应的抵扣，并且会按照企业所得税或生产经营个税来缴税，这样相对来说，综合税率会降低很多。这种方式是属于合理的方式，业务实质也比较清晰，郑爽涉及的问题是和片方签订阴阳合同，以增资代替片酬的方式，隐瞒收入性质，变相逃税。[1]

---

[1] 王胜会. 为规避限购令之借名买房行为效力研究[D]. 重庆：西南政法大学，2013.

5.4.2 《刑法》下逃避缴纳税款

《刑法修正案（七）》对逃税罪新增了"初犯免责"的特别条款。已经构成犯罪的初犯，满足以下三个先决条件可不予追究刑事责任："一是在税务机关依法下达追缴通知后，补缴应纳税款；二是缴纳滞纳金；三是已受到税务机关行政处罚"。[①]请注意，只有"初犯"才能享受这种"特别条款"，之前的范冰冰逃税案处罚结果让很多人不能理解，明星偷逃税款并不是什么新闻，昔日刘晓庆也曾因偷逃税款被税务机关查处，不同的是，她却被羁押1年多，那么为什么范冰冰涉嫌违法的金额这么多，却不用坐牢呢？原因就是刑法进行了修改，简单来说，偷逃税款的人初犯时只要及时缴税认罚并且认错态度诚恳，就可以免除牢狱之灾。

而继范冰冰9亿的天价罚款后，国家税务机关点名流量小花郑爽追缴税款、加收滞纳金这些加起来处罚款约3亿元。我们可能会好奇：都是偷税漏税，为什么她们俩的罚款差距如此之大？

我们从公布的范冰冰和郑爽的涉税案例来看，他们的纳税主体是有不同的。范冰冰的纳税主体涉及的个人、工作室、公司，而郑爽的纳税主体主要是其个人。个人、工作室、担任法定代表人的公司，这都是不同的纳税主体。其实从这些公布的信息也可以看出，明星取得的片酬包括其他演艺收入主要有通过三种方式纳税：个人名义、个人成立的工作室（个独、个体性质）以及公司。

所以，只要在税务机关发布追缴通知后，在规定期限内范冰冰可以把税款、滞纳金、罚款全部补缴完成，那么她就可以免除牢狱之灾，这并不是给予宽大处理，而是新刑法的要求。当然，如果超过了规定期限还没有进行缴纳税款和滞纳金，而且情节严重拒不接受行政处罚的，是无法免除处罚的。

[①] 刘天永.中国税务律师实务.第2版[M].法律出版社, 2012.

5.4.3 虚开增值税专用发票

影视行业因为工作性质特殊，大部分的花销都无法取得规范的发票收据，但是别的做法又经常伴随着有风险的增值税专用发票问题，因此高额利润的诱惑下，也不免有些企业铤而走险。

一些虚开增值税发票的办法虽然不容易被察觉，但并非滴水不漏，总会露出破绽。下面就是虚开发票的几种准备工作：1. 开具发票时企业名字换来换去，多为零售业等企业；2. 登记信息类似，企业法人、财务工作人员多由一人担任；3. 住宿和餐饮业等公司购进时与销售时的名称不符；4. 发票的份数和金额经常多次增加；5. 资金在企业中的循环过程每月频繁发生；6. 一段时间内增值税发票的金额大幅增长；7. 成立时间不长，成立时间不超过一年，但营业范围飞快扩增；8. 资源耗费情况与实际数量情况不符；9. 注册资本认缴制公司居多。

5.5 妥善识别与防范风险对策

5.5.1 宣传普及税收方面有关法律，增强法律意识

由于内部员工税务风险意识淡薄，水平不够，财务和税务知识掌握不充分，不能正确处理好涉税业务。所以要集中培训补充税收方面的知识，让相关法律深入人心，并采用自报查账的办法申报纳税。要按时进行税收风险相关分析，还要注意与年度个人所得税汇算清缴办理情况相结合，对于那些存在税务问题的明星偶像开展相应的风险告知和督促改正，除了严格落实以外，还要监督到位，制定相关规章制度。防止偷换概念，例如成立业务相关工作室，压榨群演工资，故意不告知真实成本等，来赚取不正当的利益。监管也要跟上，相关部门接受有确凿证据的检举，核实后要严厉处罚，才能起到法律的威慑作用，让投机倒把的行为销声匿迹。

5.5.2 提高企业内部人员素质，科学决策

由于近年来影视剧方面进展的如火如荼、业务范围的扩展，企业应该在以下几个方面来科学决定固定资产的投资：首先，谨慎选择供应商，要提前对合作方公司进行多方面考量，货比三家，优中选优；第二，要考虑到企业自身实际情况，科学合理规划，达到用时短、效率高的目标。

为了确保单位会计人员能够及时地防止税务稽查风险的出现，企业需要加快关于针对会计人员培训工作的进程，同时潜移默化地对会计人员风险进行有意识的训练和提升，增加会计人员对新发布的税收政策的了解与熟悉程度，搭建专业化的知识架构，从而达到可以快速提升会计人员专业水平的目的。

在企业会计人员平时工作中，多数财务方面的工作具体细节也需要专门的财务工作人员签字之后才能进行实施，而因为财务方面的工作人员行使权利的时候需要非常小心谨慎，还要详细全面地了解财务报销具体内容，一旦出现报销事项反常或者不明不白的问题，要及时中止签字授权，避免造成更大的损失，在这一本源上提高会计工作业务报销的规范，从而有效减少该过程引发的税务风险。

为了能有效降低风险，还需要完成交纳个税等一系列任务。拿个税举例子，会计人员要保证税务报表，工资薪金及社保缴费数目的相同，以及有关的证明资料都需要进行仔细核对，不能有纰漏。

5.5.3 妥帖调整业务结构，完善税收洼地的税收优惠政策

分配被改组的企业业务属于增值税免税收入的范畴，根据国务院办公厅发布的《关于进一步支持文化企业发展企业规定》，通知指出："对电影公司出售电影拷贝、转让版权取得的收入，电影上映后企业取得的电影收入，以及电影放映公司在乡村的电影放映收入进行免于征收增值税"。企业可以通过变动经营结构和日常生活中主要活动的方向，提高在电影领域的业务水平，扩大企业免于征收企业所得税收入的比重，减少企业增值

税的税收压力。而集团公司的特点是范畴较大并且拥有若干家子公司，企业建立子公司可以优先考虑享有税收优惠政策的地区，通过对总分公司的影视制作、发布、上映等步骤进行重新组合，从而实现税务结构的改进与完善。

完善税收洼地税收优惠政策的适用范围。影视行业明星个人所实际控制的公司、工作室的注册地很多都选择在了像霍尔果斯这种适用很多影视业税收优惠政策的地区，这使得高收入的影视行业缴纳了更加少的税款，使纳税人主观上难以形成正确的纳税意识，一定程度上纵容了这类高收入群体的存在，不利于社会的公平正义。因此影视业税收洼地应当在促进本地经济发展和人才引进的前提下，规范税收优惠政策的适用范围，防止成为影视行业逃避缴纳个人所得税款的"避税天堂"。

5.5.4　遵守行业规范，促进影视行业高质量发展

影视行业企业所得税的风险防范研究应和国家出台的最新政策相适应，并与大数据等新兴技术结合起来，以长远发展的视角，立足于我国影视行业实际情况，进行全面分析，提高应对能力。在2021年12月31日，国家税务总局联合开展的"最美税务人"评选发布活动中，经广泛发布、严格遴选、社会公示，决定授予马丽等人最美税务人的称号。无独有偶，湖南税务局在2021年12月底官宣了由艺人张艺兴来担湖南税务纳税服务宣传大使。可以看出来，影视明星作为社会公众人物，要履行相应的社会义务，承担相应的社会责任。由于明星偶像效应对社会公众尤其是不成熟的青少年有潜移默化的影响，所以他们更应该以身作则，遵纪守法，依法纳税。这些都是非常优秀正面的例子，更有利于促进影视行业税收的健康发展与成长。而那些投机取巧、拜金主义、没有道德和法律底线的行为，只能被社会大众所抛弃。

结合我国现行规定和长远规划，对我国影视行业税务风险进行科学的宏观规划和微观布局，牢牢抓住税务这一核心要素，充分利用政府、社会、人民的力量为减少影视行业税务风险做出贡献。

第6章 网红直播行业税收风险管理

6.1 网红直播行业发展概述及趋势

6.1.1 网红直播行业发展及税收风险概述

随着社会和科技的不断发展，人们的生活越来越依赖网络，购物方式逐渐由线下实体向线上直播转变，据中商产业研究院统计，截至2021年6月，我国网络直播用户规模达6.38亿，同比增长7539万，占网民整体的63.1%。其中，电商直播用户规模为3.84亿，同比增长7524万，占网民整体的38.0%。艾媒咨询数据显示，目前直播电商仍是在线直播行业的主要盈利模式，2020年中国直播电商市场规模达到9610亿元，直播电商整体GMV在2021年可达近2万亿，年增速约为90%，且整体渗透率尚低于15%，未来仍存较大增长空间。可见，直播行业无论是用户规模还是市场体量都是很大的，并且正处于不断发展壮大的阶段。

然而直播行业飞速的发展，也带来互联网环境治理、从业人员素质良莠不齐等问题，不论是产品质量还是税收征管，都存在监管盲区。特别是2020年突如其来的新冠疫情，使得直播行业进一步发展的同时也凸显出了税务机关"数字化"程度准备不足，业务信息不衔接，无法实现相关涉税业务"非接触化"办理等问题。电商、直播行业等依托网络发展的行业，税源主体不明确，无纸化交易以及税基发展同税制不匹配，企业业务模式、组织模式以及办税需求都产生了较大的变化（曹阳等，2021）。2021年9月，国家税务总局办公厅发布了《加强文娱领域从业人员税收管理》的通知，通知指出，要进一步加强文娱领域从业人员日常税收管理，对明星艺人、网络主播成立的个人工作室和企业，要辅导其依法依规建账建制，并采用查账征收方式申报纳税,要定期开展对明星艺人、网络主播的"双随机、一公开"税收检查",说明近年来税务机关逐渐认识到文娱领域税收风险问题的严重性。2021年10月11日,郑州市金水区税务局通过大数据实现信息系统自动提取数据,加大文娱领域从业人员税收征管力度,追征一网红662.44万元税款收缴入国库。2021年11月22日,网络主播朱宸慧、林珊珊因偷逃税款,被浙江省杭州市税务部门依法追缴税款、加收滞纳金并处罚款分别计6555.31万元和2767.25万元。2021年12月20日,国家税务总局杭州市税务稽查局依法对网络主播黄薇(网名薇娅)追缴税款、加收滞纳金并处罚款,共计13.41亿元。上述事件也表明了税务机关加大对文娱领域从业人员税收征管的力度,并且依托大数据查找涉税风险点的能力逐渐提升。

6.1.2 网红直播行业税收管理概述

行业飞速发展的同时,也应加大对网络直播行业的监管。闫斌(2019)就网络直播中可能侵犯他人的权利,例如肖像权、知识产权、隐私权等,可能涉及违法犯罪的暴力、色情等内容以及尤为严重的偷税漏税风险等问题提出了相关的建议,包括完善相关法律法规、严格执法、加强监督执法,网络直播平台和行业人员则分别需要明确法律义务和提高法律素养。陈璟(2020)透过流量经济繁荣的表象,发现了"直播带货"背后乱象丛生的现象。他强调,加强"带货"的监管工作需要多方面的努力,政府部门需要尽早健全和完善法律法规,直播平台承担起监管的重任,广大社会公众则需要不断提高维权意识,利用法律保障自身权益。远山(2021)指出,作为日益庞大的新兴行业,直播带货从业者数以百万、企业数万家,这一涉及上下游众多产业的领域不应再徘徊于税收征管体系之外。从法律角度出发,加强网络直播行业税收风险管理。张媛(2019)从实体法、程序法和征管外部措施方面,从法律问题角度,提出了完善网络直播行业税收征管的建议;何键海(2019)在坚持这三个原则:税收法定、税收公平、税收效率的前提下,针对性地提出我国关于网络主播打赏收入税收征管制度的完善路径;李悦(2019)指出了关于纳税申报、涉税信息共享、法律体系、税收信用管理等方面，当前网络直播"打赏"的税收征管制度存在许多缺陷，并针对性地提出了建议。从不同税种和参与方出发，针对性地指出相应的税收风险并提出对策建议。王桂英（2019）通过分析主播参与的相关法律关系，确定了不同收入的性质，并且还根据收入性质讨论其所得的归属问题，依据纳税主体等方面构建了纳税模型，此外，还明确指出对网络主播征税具有必要性，但也存在许多困难。宋高明（2021）从我国个人所得税征管现状和直播业发展状况着手，对目前网络主播税收征管时存在的问题进行了阐述，通过对英、美、日、德、法五个国家对于网络主播的个税征管措施进行整理，得出可以学习借鉴的经验；于雅杏（2021）从商家、直播平台、带货主播三方，按其盈利模式及可能涉及的税种、税率、征税方式等方面进行了分情形的总结介绍，指出了直播电商税收征管存在纳税事项认定不明确，虚开发票风险高和滥用"税收洼地"的难点，并提出了具体的意见建议。

6.2　网红直播产业链参与方与涉税风险分析

网红直播产业链参与方包括品牌方、直播平台、MCN机构和网红主播，具体参见图6-1。下面对上述四方的合作模式、业务内容和涉税问题进行阐述分析。

```
网络直播产业链参与方
├── 品牌方
│   ├── 制造商
│   ├── 贸易商
│   └── 农产品生产者
├── 直播平台
│   ├── 抖音
│   ├── 淘系
│   ├── 快手
│   ├── 拼多多、B站等
│   └── 私域平台等
├── MCN机构
│   ├── 自由主播
│   └── 与外部主播合作
└── 网红主播
    ├── 有限公司
    ├── 合伙企业
    ├── 个人独资企业
    ├── 个体工商户
    └── 自然人
```

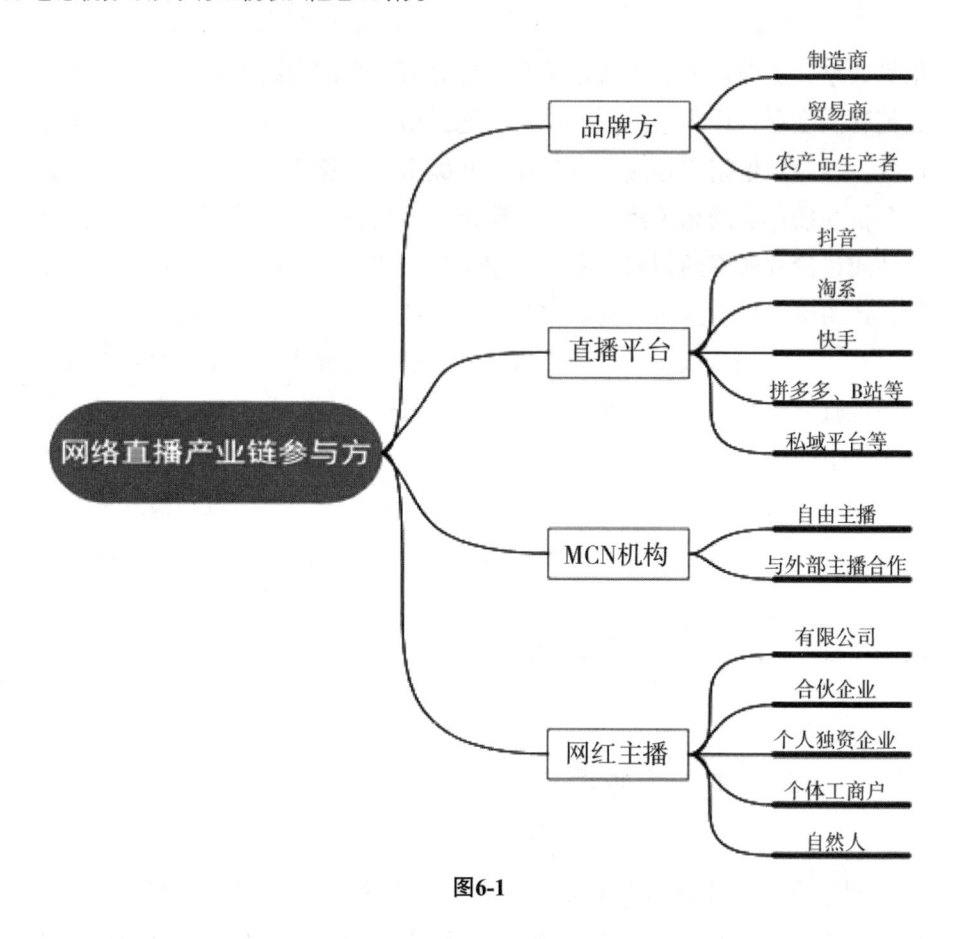

图6-1

6.2.1 品牌方及其涉税风险分析

6.2.1.1 主播与品牌方的合作模式

当下，带货主播与品牌方合作模式主要是以下三个方面：合作入股、产品包销、广告展现。合作入股即针对超级网红，粉丝超过百万的一般是以自己名义开店，电商企业大多是提供供应链，然后占据一部分的股份；针对除超级网红外的一般网红，通常模式为公司开店，网红入股，作为产品的形象代言人。针对产品包销情形，品牌方售货模式有两种，一是通过经销商，经销商到工厂进货，购进商品销售，通过加价，赚取经营利润。经销商如果是一般纳税人可以凭增值税专票扣除进项，小规模纳税人则按销售额乘以征收率计算增值税。二是通过代理商，代销商通过取得商品的代理权，通过销售获得佣金赚取收入。代销商有两种经营模式，一是视同买断方式，委托方应在发出商品时开具增值税专用发票并确认收入，以专用发票上注明的税额确认销项税额；受托方以委托方所开具的增值税专用发票上注明的税额确认进项税额，但其销项税额应按实际售价与增值税税率的乘积计算得出，并开具相应税额的增值税专用发票。也就是说，如果受托方将代销商品加价出售，仍与委托方按原协议价结算，以商品差价作为经营报酬，则此差价构成了代销商品的手续费，对此差价要征收增值税。二是收取手续费方式，委托方在收到受托方的代销清单当天开具增值税专用发票，以专用发票上注明的税额确认销项税额；受托方以委托方所开具的增值税专用发票上注明的税额确认进项税额。由于受托方按委托方规定的价格销售，必然导致同一业务的销项税额与进项税额相等，一般情况下，受托方缴纳的增值税额为零。同时，对受托方收取的手续费收入应作为向委托方提供的劳务报酬，按照增值税政策规定缴纳增值税。广告展现模式下，由于一些品牌方团队小、资金少，又想通过网红带货的方式推广商品，但往往大网红佣金费和"坑位费"较高，对商品较为挑剔，缺少入股这类公司的意愿，而小网红对产品没兴趣，不想尝试包销。于是品牌方为了到达宣传商品的效果选择了广告合作模式，即通过相应网红抖音等视频或者粉丝群宣传产品，付给网红宣传费。很多电商企业会选择这种广告合作模式，按此支付相应的宣传费用。

6.2.1.2 主播与品牌方合作模式下存在的涉税风险问题

广告展现模式下，由于受资金规模等方面影响，电商企业是否办理税务登记存疑，同时按次支付的宣传费往往通过微信或支付宝等方式直接转给网红个人，网红也不会去开具发票，存在网红少缴劳务所得的个人所得税款和企业不计收入带来的企业所得税款流失风险。

6.2.2 直播营销平台及其涉税风险分析

6.2.2.1 主播与直播平台的合作模式

现如今直播平台有很多，比如：虎牙直播、斗鱼直播、快手直播、

Bilibili直播、抖音直播等。网红通过直播平台带货赚取收入时，平台应起到提示作用，提醒主播进行税务登记，依法履行纳税义务，并依法享受税收优惠。如果主播是独立身份以个人的形式赚取劳务收入，应按提供劳务到税务机关代开发票，税务机关代征增值税及其他相关税种，同时直播平台按劳务报酬所得预扣预缴个人所得税。如果主播与平台是雇佣关系，则由平台按工资薪金代扣代缴个人所得税。如果主播受雇于经纪公司，则由经纪公司按工资薪金代扣代缴个人所得税。如果主播成立了个人工作室，针对大额收入则需按照工作室的性质缴纳税款。

6.2.2.2 主播与直播平台合作模式下存在的涉税问题

直播平台管理不规范，对网络主播取得的销售佣金等收入，未依法履行代扣代缴义务；或者要求网络主播提供等额的"替票"才与之结算；直播平台作为扣缴义务人，应扣未扣、应收未收税款的，由税务机关向纳税人追缴税款，对扣缴义务人处应扣未扣、应收未收税款百分之五十以上三倍以下的罚款。成立个人工作室的主播，需定期如实纳税申报，对于长期零申报的工作室，将被税务机关纳入重点监控的范围之内。

6.2.3 MCN机构及其涉税风险分析

6.2.3.1 主播与MCN机构的合作模式

MCN机构，即直播营销人员服务机构，是指为直播营销人员从事网络直播营销活动提供策划、运营、经纪、培训等的专门的机构。

从业务关系角度分析，主播与品牌方：主播和品牌方合作通过或者跳过MCN机构，帮助品牌打造声势。MCN机构与品牌方：孵化主播，帮助品牌方做营销方案，选择合适的主播助阵，帮助品牌方做营销活动。MCN机构与主播：主播与MCN机构合作，为了让MCN机构帮助做流量和持续输出内容，MCN机构签约主播主要是为了获取主播的流量和变现能力。

从收费模式角度分析，第一种是商家需要给带货主播坑位费，主播才会给商品上架，在直播间介绍其商品。一般情况下普通主播直播销售商品提成20%，其余销售得到的佣金都归MCN机构，这对于MCN机构可谓是一本万利，但这种情况一般没有带货效果。第二种是坑位费加佣金，佣金一般是销售额的10%~30%，还有ROI保底方式。MCN机构可以通过灵活用工平台获取专票进行抵扣，其次是主播不需要担心个税缴纳流程复杂的问题，只需要进行临时税务登记，后续工作平台会为主播进行汇总代开，并开具完税证明。

6.2.3.2 主播与MCN机构合作模式下存在的涉税问题

合规问题是现阶段直播MCN机构的短板，合规问题包括了发票合规、产品合规、销售合规和售后合规等诸多方面。不合规的原因在于网红主播是"带货"而非"卖货"，不用承担销售主体的法律责任。税务管理不合规，MCN机构主要是帮助企业孵化网红，经营不合规而且逃税方式很多，很多企业是私人佣金交易，但卖家长期获得收入，这种情况很容易引起税务局的怀疑。

针对签约MCN机构的主播，其个人所得税本应由MCN机构代扣代缴，但由于整体税收成本高，往往采取将折扣让给MCN机构和平台后，按照折扣后金额确认收入，一方面是品牌方确认的销售金额低于实际销售额，报税税率低；另一方面，MCN直接从平台获得佣金，往往很少对其进行增值税申报，这笔收入打入主播账户时，也未代扣代缴个人所得税，而是由直播平台代扣代缴。高收入的主播，对应适用的税率也高，MCN通常也会找到一些注册在税收洼地的灵活用工平台为主播代扣。

6.2.4 带货主播及其涉税风险分析

6.2.4.1 带货主播变现模式

带货主播，即直播营销人员，是指在网络直播营销中直接向社会公众开展营销的个人，主要有两种变现模式：直接变现和间接变现。直接变现即粉丝在直播间打赏和购买产品是主播直接变现的主要来源，打赏包括用户付费和平台付费两种方式。例如：微博打赏、抖音直播送礼物和B站充电等等；直播间观众购买产品可以是线下实体书籍、线下或线上课程和周边产品等等。直接变现的方式会造成税源难以控制，粉丝在直播间打赏，可以由平台代扣代缴，但是打赏的方式是通过微信支付宝转账，税收征管难度就很大；有的网红主播会在微信上建群开店，在直播间宣传产品吸引粉丝观众去购买，没有发票，税收征管难度大。

网红主播可以接代言广告、线下演出和平台分成，这是网红收入的绝大部分。代言广告是在拍摄发表的视频中植入原生广告、贴片广告或者转发品牌抽奖活动，提高品牌曝光度，引来粉丝流量；线下演出是接商演和转型艺人两种方式，平台分成是指与平台签约或者是在平台的收入通过提成转换成自己的劳务报酬。

6.2.4.2 带货主播涉税分析

带货主播从三个身份分析：公司员工、外聘人员、有工作室的网红。主播为公司员工，厂家直销就是指主播就是公司员工，直播是平时工作内容的一部分。主播的所有收入无论是基本工资还是绩效工资，均为工资薪金所得，缴纳个人所得税。比如作为一个搞笑主播，观众觉得看他直播开心觉得他表现得好，给他1万元打赏，其实这笔钱是打给公司的，公司后面跟主播结算；又或者这次直播卖货效果较好，公司给主播加绩效工资，那都是作为主播的工资收入，属于工资薪金，去缴纳个人所得税。这种方式不交增值税，个人所得税按工资薪金交，由直播平台或经纪公司按工资薪金月累计预扣预缴，次年3~6月由直播本人按综合所得进行个税汇算清缴。主播为外聘网红个人，比如说今天的直播主讲是外聘的网红，品牌方请他直播，支付的佣金就是他的劳务报酬所得，如果观众给他打赏，先是进了公司的账户，最后结算还是属于他的劳务报酬所得；但如果观众的打赏直接进入他的个人账户，这就属于偶然所得。此种情况下，网红个人劳务报酬须缴纳增值税和个人所得税。增值税起征点为每天或每次带货收入不超过500元，或连续为同一家带货按月结算收入则月收入不超过20000元，不交增值税，超过起征点则全额交纳增值税。个人所得税为其次日或次月收入《个人所得税法》规定的"劳务报酬"税目交纳个人所得税，收入不超过4000元，所交个税=（收入–800）*20%；收入超过4000元，所交个税=收入*（1–20%）*20%或30%或40%–速算扣除数0或2000元或7000元。劳务报酬的个税由直播平台或经纪公司代扣代缴（如果不代扣代缴，直播平台或经纪公司会面临50%至3倍的处罚款），直播人员在次年3～6月按综合所得进行个税汇算。主播为有工作室的网红，则有自己工作室的网红直播收入交增值税和个人所得税。增值税对月营业额不超过15万元，享受免增值税的税收优惠政策，超过15万元则全额计算缴纳增值税。个人所得税方面，主播成立工作室接业务，其所得属于经营所得交个税，一般按个体工商户享受双核定缴纳个人所得税，双核定指根据直播带货的业务情况核定月收入额（月不超过15万元不交增值税），再核定个税征收率，一般在1%左右，按照核定的月收入额的个税率来交个税，按照税务总局规定，再减半征收个税，相当优惠，也是直播税负最低的。工作室在次年3月31日前对上年经营所得的个税进行汇算清缴。

6.2.4.3　主播带货涉税风险

主播带货涉税风险是指错误认为个人直播带货不需要纳税。根据《中华人民共和国电子商务法》第十一条规定：电子商务经营者应当依法履行纳税义务，并依据享受税收优惠；直播作为纳税人不进行纳税申报，不缴或者少缴应纳税款的，由税务机关追缴其不缴或者少缴的税款、滞纳金，并处补缴或者少缴的税款百分之五十以上五倍以下的罚款。以及不恰当的通过个人独资企业、合伙企业借助"税收洼地"避税。

6.3　直播带货税收风险问题的对策建议

目前，关于雪梨、薇娅等头部主播的追征税款、滞纳金和罚款，在一定程度上起到了震慑相关行业从业人员依法纳税，规范网络直播行业税收秩序的作用。根据新华社消息，截至2021年12月20日，已有上千名网络主播主动自查补缴税款。然而，由于行业从业人员数量多，很多人员缺少法律意识和相关税收知识，或者在利益的驱动下无视税收法律，据此，提出以下对策建议。

1.明确平台方的法律责任。显然对数量众多的个人主播进行全面收入监管是烦琐而又耗时的工作，相较监管个人的各项收入，更直接高效的还是明确平台方的代扣代缴和税法宣传责任，同时规范平台内企业和直播诚信经营，依法纳税。

2.加强源头扣税管理。纳税人在工厂购进货物，可以从税源严加监管，明确工厂开发票的责任，防止工厂虚开发票的现象。

3.由税收大数据和风险管理局重点排查头部主播，随机抽查腰部主播。税务机关应联合各大直播平台每年定期开展税法知识宣传活动，明确主播作为公众人物应起到良好的社会引领作用，要诚信申报。同时，明确通过开办多个个人独资企业、个体工商户或其他类型公司拆解收入、降低税负的行为是偷税行为，要承担法律后果往往得不偿失。

4.针对成立工作室的文娱行业个体工商户或个人独资企业，不应适用核定征收，因其有能力聘请专业人员对收入和成本进行核算，建立完善的会计制度。

第7章　智慧税务背景下税收风险管理体系

7.1　建立信息化税收风险管理系统

在企业将年度资产负债表和利润表录入金税三期系统后，自动算出上述第5章中的五个指标（资产利润率、主营业务成本率、应收账款周转率、主营业务收入增长率和资产负债率）对应的相关数据，应用SVM模型对企业税收风险进行初步识别。进一步构建人机交互的一体化向导式税收风险管理系统，并将该系统在金税三期系统中作为一项整体模块添加到功能菜单中，具体操作流程分三个子模块，如图7-1所示。

7.1.1　企业开立模块

①从企业注册资本审查开始，如注册资金实缴审核，印花税是否缴纳，是否建账，账本是否贴花，是否签订三方协议，是否银行开户。

②对于企业的经营场所，审查房屋承租人或自有房屋使用者是否缴纳了房产税，以及企业所使用的土地是否缴纳了土地使用税。

7.1.2　企业运行模块

①督促企业每年录入资产负债表和损益表，通过企业录入金税三期软件系统的数据，运用第4章中所述的SVM模型初步判别是否存在诸如多列成本少计收入等税收风险。如发现存在税收风险问题，就可能的风险点进行检查或者自查核实。

②企业日常购销合同有无贴花，对购买房产或者租赁房产行为要征印

花税。审查是否存在将资金外借且资金与企业生产经营活动无关，并且在本年度未进行归还情形，如存在依法征个人所得税。对于企业之间股权转让，拆借资金依法进行审查，特别要重点检查清算期间资产负债表中，负债类对外付款的真实情况。

③有收入企业审查两金一费是否缴纳，2016年1月1日起不再征价调基金，2016年2月1日起，对上一年度销售额或营业额不超过120万的企业，免征水利建设基金，查看往年是否依计税基数如数缴纳。残疾人保障金基数自2016年9月14日起由之前的本地区平均工资变为本地区企业平均工资。

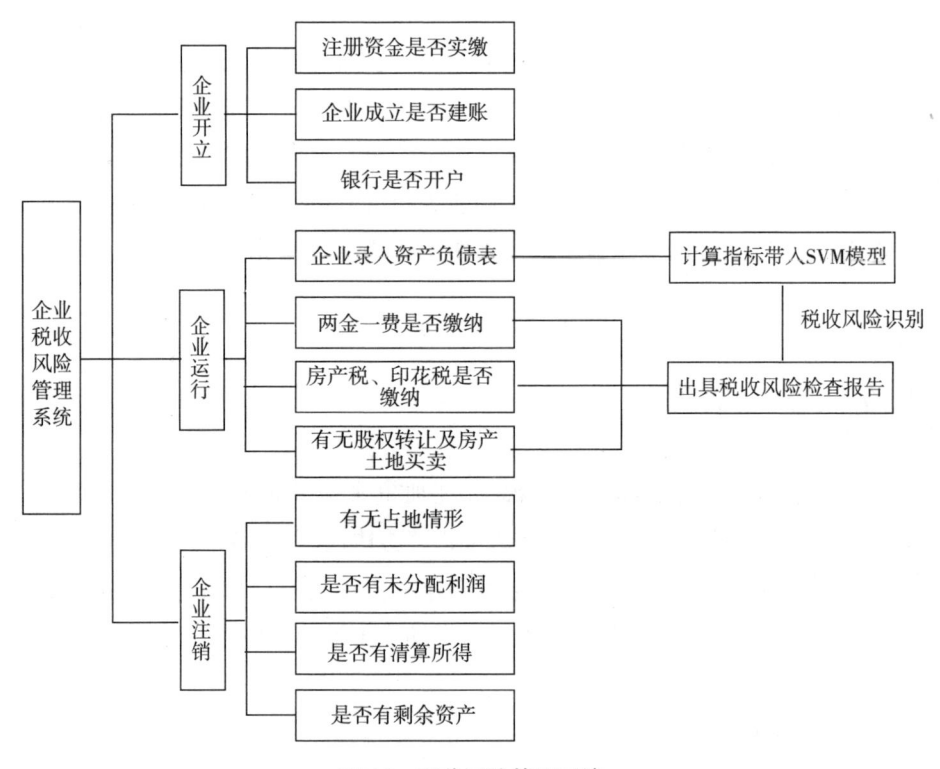

图7-1 税收风险管理系统

④及时沟通工商局，对涉及股权转让情况的企业审查股东是否缴纳个人所得税和印花税。及时沟通国土局，对企业涉及买卖房产土地、发生占地赔偿情况要及时掌握，确保房产税、土地增值税和契税及时缴纳。

⑤在企业版金税三期软件税收法制模块下，链接国家税务总局网站中的法规库内容，便于企业查询税收优惠政策和各项法规，让企业通过查询

学习掌握相关优惠政策，保证企业享受到应得的优惠政策。

⑥在年初企业录入上一年度相关资产负债表信息后，由金税三期系统（功能菜单增加企业税收风险管理模块）自动向企业出具税收风险检查报告，为企业提供有价值的税务参考。

7.1.3 企业注销模块

①企业注册地点如位于偏远农村要询问核实企业有无占地情形，企业是否存在名下房产土地瞒报情况，是否存在房产税、土地使用税漏征情形。

②审查企业在注销前是否有未分配利润，如有是投资者为企业还是个人征企业所得税或个人所得税。

③审查企业银行对账单是否与企业经营往来有可疑差异，对疑点进行询问，审查企业是否有其余未报主管税务机关备案的账户。

④对于个人以非货币性资产投资的，其"投资额"按照投资时非货币性资产经评估后的公允价值确认。在投资时为按照《国家税务总局关于个人非货币性资产投资有关个人所得税征管问题的公告》（国家税务总局公告2015年第20号）规定计征个人所得税的，应在清算环节一并缴纳。个人按照《财政部 国家税务总局关于完善股权激励和技术入股有关所得税问题的通知》（财税〔2016〕101号）规定，选择递延纳税优惠政策的，其"投资额"为技术成果原值及合理税费。

⑤企业应当在办理注销登记前，就其清算所得向税务机关申报并依法缴纳企业所得税。

清算所得是指企业的全部资产可变现价值或交易价格，减除资产的计税基础、清算费用、相关税费，加上负债清偿损益等后的余额。

计算公式如下：

清算所得=资产处置损益+负债清偿损益-清算税费±其他所得（支出）

应纳所得税额=（清算所得±纳税调整额-弥补以前年度亏损）×法定税率（25%）

⑥审核企业有关资产的增值或收益未在税收上确认过的，是否将其增

值或收益计入清算所得。审核其资产的计税基础、折旧、摊销的确认是否符合税收规定，在计算清算所得时是否正确地按计税基础减除折旧或摊销后的余额扣除。

⑦审核企业全部资产的可变现价值或交易价格减除清算费用，包括企业名下车辆等固定资产及低值易耗品是否在注销前已经全部变现，职工的工资、社会保险费用和法定补偿金，结清清算所得税、以前年度欠税等税款，清偿企业债务，是否按规定计算可以向所有者分配的剩余资产。

⑧被清算企业的股东分得的剩余资产的金额，其中相当于被清算企业累计未分配利润和累计盈余公积中按该股东所占股份比例计算的部分，应确认为股息所得；剩余资产减除股息所得后的余额，超过或低于股东投资成本的部分，应确认为股东的投资转让所得或损失。

被清算企业的股东从被清算企业分得的资产应按可变现价值或实际交易价格确定计税基础。

⑨自然人股东分得的剩余财产的金额，其中相当于被清算企业累计未分配利润和累计盈余公积中按该股东所占股份比例计算的部分，应确认为股息所得，按照"股息、红利所得"计征个人所得税；剩余财产减除股息所得后的余额，超过投资额的部分，应按照"财产转让所得"项目计征个人所得税。审核企业向自然人股东分配剩余财产时是否按规定代扣代缴个人所得税。

上述流程随着研究的步步深入将逐渐完善充实。

7.2 提出防范税收风险的政策意见与措施对策

税务机关应从提高纳税人满意度和纳税遵从度角度出发，将税收风险管理放在一个战略高度，树立税收风险管理理念，制定切实可行的税收风险管理实施方案。具体应做到以下几方面。

7.2.1 帮助企业完善税收风险内部控制制度，强化风险预防理念

内部控制的目标是保证企业经营合法、经营有效率效果、财务报告可靠、资产安全、实现发展战略。在内部控制框架内，税务机关帮助企业建立完善的税收风险管理制度，目的是从税收筹划开始直到生产经营和账务处理各环节都预防税收风险的发生，将税收风险消除在纳税申报之前，引导企业自我遵从税法。税收风险管理制度同样包括内部控制的五要素，即控制环境、风险评估、控制活动、信息与沟通、监控。道德伦理价值观是控制环境的基本要素，正直的人常常基于正确的理由做正确的事，企业税务风险管理岗位应聘用诚实的人；董事会和管理层良好的管理理念也有助于避免出现高风险的环境，管理层应建立强调正直和道德行为、税法遵从的企业文化。税收风险与经营活动、财务报告相关，风险评估就是识别可能会发生哪些风险以及发生概率的过程，评估的重点包括：同行其他企业曾在哪些方面发生过风险，向员工询问最可能发生风险的地方。税收风险控制点至少涵盖采购/付款、销售/收款、存货、固定资产、营运资金、财务报告编制环节，制定包括税务登记、防伪税控管理、发票领购开具、税款计算、税额等税务事项内部检查、纳税申报在内的税务事项控制办法和流程并严格实施。企业税务管理部门对外应及时收集更新相关法规，对内应与董事会、管理层、其他业务部门、审计部门保持信息畅通，确保税收风险得到妥善处理；应充分利用ERP系统的流程控制对涉税事项进行自动控制。审计委员会或内审部门应对税收风险管理制度的有效性做出评价。

7.2.2 建立税收风险识别的数据挖掘模型，及时发现惩戒不遵从行为

对纳税申报资料使用数据挖掘模型进行选案，在降低劳动强度的同时，自动筛选出税收风险大概率的企业，以便进一步审查审理，目的是及时发现惩戒不遵从行为。广泛建立税收风险识别模型有助于基层税务机关在税收风险管理工作中做好税收风险应对工作，进而在全国范围内铺开风

险分析识别工作。

一种是分类模型。选取税负率、进销项比等税负状况指标，以及盈利、偿债、营运等财务指标作为风险选案的指标；选取诚信纳税和有不遵从行为的两类企业的纳税申报表和财务报表作为样本数据，构建Logistic分类模型；对于一家企业判断其是否遵从，就是把它的数据带入模型中，若概率大于分类阈值（如0.5）则判为不遵从，小于等于阈值则判为诚信纳税。类似的还可以建立人工神经网络、遗传算法模型，以便对识别出的不遵从企业结果相互校验。

另一种是预测模型。采集纳税人诸如当月营业额及成本费用等信息，可以构建时间序列模型对企业各项税收金额进行预测。采集企业利润率、税负率、用电用水量等解释变量与因变量应纳税额建立多元线性回归模型。需要注意的是，不同城区受地域经济发展、地区政策、居民生活消费水平等方面影响应当设置不同的参数，分别建立模型。还可以构建税收风险指数模型，提高税收风险管理水平。

7.2.3 建立统一的税收信息化平台，确保风险管理有效实施

在信息化高度发达的今天，建立税收信息化平台将为实施税收风险管理提供广泛的信息支持和极具价值的参考。信息化平台的建立难点在于外部有效信息的获取和内部信息资源的整合。一方面需要政府各部门相关信息数据对税务局进行数据信息开放，目前国内已有部分省市出台了相应法律条例，保障税务局依法取得第三方（工商、银行、海关、证交所等）数据信息的权利。另一方面，尽快建立涵盖外部信息和内部信息的成熟模型，对纳税人是否诚实申报，有无偷漏税或者多缴税情形进行初步预判。同时，要加快完善金税三期运行环境，解决各项系统漏洞，将各级国税与地税机关之间的信息权限打开，以达到信息共享的目的。目前，自2018年国地税合并以来，金税三期系统已完成初步同级合并，经过几次系统升级，逐渐完成了原国地税模块间合并。

模型测试结果成熟稳定的条件下，可以将算法嵌入到金税三期或者CTAIS平台中，相应数据录入系统后，税务工作人员和企业财务人员可以通

过软件算得的相关涉税数据并结合自身工作经验，更好地判断企业是否存在涉税风险。

7.2.4　加快"放管服"，充分利用各种方式做好税法宣传

　　税务局应当坚持简政放权、放管结合、优化服务，通过"放管服"三车并驾，全面提升税收治理能力，落实税收优惠政策，利用微信公众号，手机App软件等方式将最新的税收政策第一时间向广大纳税人公布，通过税法宣传月活动等方式提升线下办税质效，不断优化税收营商环境，全面提升纳税人的获得感。

7.2.5　加强内外监管，做到奖罚分明

　　一方面，对于一线税务工作者要加强党风廉政教育，积极打造阳光办税，通过树立典型、物质奖励激励干部廉洁从税，税务局内部监察部门应认真履行自身职责，对于经举报核实确有吃拿卡要现象的干部要严肃处理，必要时移交经侦部门进行司法处理。另一方面，加大对寻租纳税人的打击力度，发动社会和政府部门的力量进行监督，对于举报行贿受贿的有功人员严格保密并给予高额物质奖励。

第8章　新时期财税政策展望

8.1　实现共同富裕的财税路径选择

2021年8月17日，习近平总书记在中央财经委员会第十次会议上的重要讲话中强调："共同富裕是社会主义的本质要求，是中国式现代化的重要特征，要坚持以人民为中心的发展思想，在高质量发展中促进共同富裕。"步入数字经济时代，如何做好改善民生，成功跨过"中等收入陷阱"，对我们提出了更高的要求。实现共同富裕的目标也要求我们加强对数字经济的研究，洞识税收环境的变化规律，更好地发挥税收工作功效，全力推进共同富裕。

自2016年我国G20杭州峰会上首次对数字经济这一概念有了明确的界定以来，数字经济本质上可以归集为知识经济中的一类。从制造到"智造"，我国数字经济行业不断发展壮大，越来越成为诸多行业的底层和必要支撑，这种变化对加快实现共同富裕的目标产生了喜忧参半的联动效应。一方面，我国人口众多，新兴行业的成长能够提供更多的就业岗位，解决我国部分应届毕业生岗位少、就业难的问题，并且以互联网为载体萌发了许多新兴职业，如网络主播、海外代购等，因此而获取高收入的人群比重有所增加。一定程度上，数字经济也易使贫者愈贫，富者愈富，两极分化严重。另一方面，随着各类电商的发展，传统交易方式被突破，基于传统交易模式上的税收模式未能有效形成，数字经济使税源更具隐蔽性，单一的税率在面对虚拟化的课税对象、日益复杂的计税依据时，加剧了相关企业和个人的税收征管难度，同时也为新时期实现共同富裕的税收路径选择提出了挑战。部分呈现私人化的家庭生产方式，使税务机关难以实施有效监管；微收入因有起征点规定而使税务机关不想监管；虚拟隐蔽状态使税务机关难以监管到位；网络化运营使税务机关不知道该由谁来管（王向东，2021）。2021年10月习近平总书记在《求是》杂志中发表的《扎实推动共同富裕》的重要文章指出，主要通过税制结构、税收征管、个税改革、减税降费多维度对以上阐述的问题提出具体的税收政策优化建议，发挥税收在调节经济上的职能作用，促进社会公平分配。

8.1.1 文献综述

2021年5月，中共中央国务院出台了《关于支持浙江高质量发展建设共同富裕示范区的意见》，提出实现共同富裕不仅是经济问题，而且是关系党的执政基础的重大政治问题，并同步提出诸多制度安排；国内外学者已对相关内容进行研究。在中国特色社会主义新时代，通过改革税收制度可以有效推进共同富裕的实现（周锟，2021）。我国经济社会发展中个体收入差距的不断扩大已经成为阻挠实现共同富裕的严重问题（孙绍勇，2021），因此部分学者认为应将收入分配制度建设与改革作为实现共同富裕的一个主攻方向（叶青等，2021），而税收对收入分配制度改革起到了重要的调节作用。

税收的效率与公平问题关系到财富的创造和分配，因此个人所得税制度方面，要通过适时调整综合所得的免征额、适当扩大综合所得的范围和优化个人所得税税率，进一步完善个人所得税（杨志勇，2021）和加强高收入人群收入调节和高端消费征税（罗志恒等，2022）以缩小收入差距。财产持有环节，目前国内已完成房地产信息全国联网，为开征房地产税打下了技术基础，因此为缩小财富差距尽快出台房地产税是十分必要的（冯俏彬，2021）。同样，应从完善遗产税制要素、隐形合法遗产显性化、提升征税技术水平等方面，适时考虑开征遗产税（马克和等，2021）。同时，赠予税的缺失，进一步导致财富代际转移的税收调节缺位（赵桂芝等，2021）。近年来，媒体积极播报各类捐赠活动，倡导民众实业向善，实现社会使命与价值创造相结合，因此要扎实推进慈善税收政策体系的优化与落实，发挥第三次分配对促进共同富裕的积极作用（梁季，2021）。

治国之道，富民为始。笔者认为促进全体人民的共同富裕是一项长期任务，不同的时代对于怎样完成这个任务需要赋予不同的标准和措施。基于先前研究的贡献，立足数字化的时代背景，对于如何完善税收政策使其更好调节收入分配不均这个难题进行了深层次的研究，以期能为共同富裕目标早日实现贡献微薄之力。

8.1.2 优化税制结构，精准定位高低收入群体

据兴业研究统计数据，我国直接税占收入比重偏低，约为39.8%，间接税占比偏高，约为46.3%。直接税是指对纳税人的所得直接按税率征收，不能发生税负转嫁的税；而间接税是可以发生税负转嫁，纳税人与负税人不一致的税。目前增值税是我国第一大税种，增值税作为间接税最终由消费者承担，一定程度上削弱了低收入者的实际消费能力和消费愿望，使贫富差距日益加大。从此角度考量，我国在税收制度设计时，应更为系统地考虑高、中、低收入群众的得益，适度从低收入者角度出发优化税制结构，使其更切合实现共同富裕目标的初衷。

8.1.2.1 适当调整我国直接税与间接税的比重

国家应稳步提高直接税占比，降低间接税比重。数字经济的发展使增值税的征管体系中存在的一些薄弱环节暴露出来（杜莉等，2018），征管体系的不完善极易导致税收流失现象出现，这对依法纳税的纳税人来说是不公平的，容易产生不良的纳税风气。并且以间接税为主的税制结构，最终的税收负担皆转嫁到消费者身上，而真正能获得大量利得的小部分群体承担的税负可能很少，共同富裕强调的是公平，也因此可以看出以间接税为主的税制结构是需要调整的。2021年10月23日开始，我国推进房地产税试点工作，这是我国对征收"富人税"的初步探索，需要观察民众对此类收入调节税的反应并及时做出调整，考虑未来是否可以继续贯彻落实。同时作为能够起到同样调节收入作用的遗产税应尽快提上日程，但对于遗产税的征收要逐步摸索，如遗产税的起征点应设定为多少最能使征纳双方处于"舒适区"？对征税范围应界定为流动资产还是固定动产？这需要我们在实践中不断探求出最符合中国国情的方案，切不可操之过急，以免引起

高收入群体的抵触，挫伤发展经济的积极性，采用其他不合理或非法手段逃税。

8.1.2.2　扩大消费税征收范围

部分学者已经认识到增值税成为我国第一大税种是存在不足的。2019年4月1日起，一般纳税人增值税税率由16%下降到13%，一般情况下认为增值税税率的下调普遍会引起商品的价格下降，进而减轻消费者的税收负担，但消费者在购买商品时，商品的售价标签上没有单独标示出税款，因此增值税税率即使降低，消费者对此也不会有明显的感知。并且只有在各商家充分竞争的前提下，增值税税率下降才会使商品的零售价降低[①]。所以我国要更多地研究消费税对收入的调节作用，扩大消费税的征收范围（贾康等，2018），对高收入、高消费人群进行税收调控，同时对消费者的消费行为加以引导。结合因人民生活水平的提高而反映在精神和物质上的过度需求，建议对游戏中的虚拟产品以及包括高档服装、高档箱包在内的奢侈品征收消费税。

8.1.3　规避逆向选择风险，加强对隐蔽性税源的征管

为规避由于信息不对称造成的市场资源配置扭曲现象，纾解数字行业挤兑传统行业，应从源头出发解决信息不对称问题，令从事数字行业而获取高收入人群的数据信息现形。

8.1.3.1　加快运行自然人征信体系

数字经济产生的根源是人的脑力劳动，是知识经济的重要体现，在此前提下加强对自然人征管显得尤为重要。为此应加快自然人征信体系正式运行的节奏，仿照纳税信用制度，通过信用评级管理，对不同信用级别的纳税人实施分类服务和管理，协同多部门联合激励守信行为，惩戒失信行为。对于隐瞒真实收入情况，多次不按时交纳个人所得税的纳税人纳税信

---

① 《人民日报》：增值税降税率消费者受惠多

用直接降为D级，采取限制银行借贷服务、出入境等惩戒措施。通过奖罚机制提升纳税人诚信纳税的意识，推动税收事业和谐发展。随着数字化发展，多数数据已经可以实现联网共享，那么如果能在自然人的居民身份证上直接录入其纳税信息，各部门在实行奖惩措施时将更加省时快捷，纳税人诚信纳税的意识也会更高。

8.1.3.2 设立网络经济征管部门

随着税务机关内设机构扁平化，部门与部门之间所管涉税事项增多，这有利于精简人员降低征税成本，但这种好处也容易使纳税人钻权责不分明的漏洞。比如一些从事代购职业的自然人没有进行税务登记，只从社交软件上与买家进行不正规交易，他们往往获得的收益也是很可观的，但是税务局却无法掌握这类群体的交易信息对其征收个人所得税，造成了对从事其他职业的纳税人一定的不公平待遇。所以税务局应专设网络经济征管部门处理互联网有关涉税金额的交易，逐步加强对资金流的控制，可以运用区块链技术争取让每一笔网络转账金额一一核实到纳税人的具体业务上，实现信息对称。

8.1.4 深化个人所得税制改革，营造先富带后富氛围

自2019年我国个人所得税制改革后，调节收入分配的主旋律已经日益显现，未来应继续完善。将关于吸引高技术人才与促进第三次分配在税收政策中予以体现。伴随着人口老龄化问题日益凸显，出生率持续下降，为了减缓未富先老带来的压力，可以对结婚和生子给予实质性财政补贴或职务奖励。

8.1.4.1 放宽公益性捐赠支出条件

党的十九届四中全会首次提出了要"重视发挥第三次分配作用，发展慈善等社会公益事业"的要求。原有的两次分配，一是按照效率原则进行分配，二是按照兼顾效率与公平选择，通过税收、社会保障支持保证其合理分配。首次由厉以宁教授提出的第三次分配理论强调的是自主、自愿

性，以助力共同富裕早日实现。现行的个人所得税对公益性捐赠支出的扣除比例大多控制为30%，极少部分允许全额扣除。笔者认为为鼓励高收入人群回报社会，发挥第三次分配的作用，一是要调整扣除比例，允许个人公益性捐赠支出全额扣除。二是关于捐赠证明不能仅局限于通过红十字会等特定公益慈善机构，个人直接对学校捐赠或无血缘关系的助学、助困的照片，受赠一方开具的证明或官方微信公众号制作的推文也应纳入证明文件中，相关规定应放宽符合捐赠扣除的认证条件。

8.1.4.2 吸引海外高层次人才回流

麦肯锡公司高级合伙人Peter Walker曾表示大量的中国顶尖人才流入美国，特别是进入美国的科学领域，这使美国获益匪浅。人才流失是我国不容忽视的问题，尤其在数字经济时代部门产业已经实现向数字化过渡，数字经济从业人员的受教育程度普遍高于非数字经济部门（龚六堂，2021），从业人员以脑力劳动为主的特征越来越鲜明。目前各地政府都为吸引人才回流颁布相关福利政策，鼓励回国发展。与此同时，我国配套税收政策并没有落实。2019年新个人所得税实施，其中专项附加扣除中有一项继续教育允许扣除，其目的也在于鼓励境内职工提高知识水平，以先富带动后富，更好地适应数字经济时代。所以，面对各地人才引进计划，我国也要在税收上予以扶植，在专项附加扣除中单列海外高层次人才归国一项，允许扣除政府给予的住房补贴、奖金奖励等地方政府政策。

8.1.4.3 加强对明星群体、网络主播等高收入群体的监管

在当今时代，我们不免会看到明星、网红年入百万、千万的资讯，近期税务机关频繁披露主播偷税的新闻，所涉及的数额之高也为我们现行的个人所得税制敲响了警钟。个人所得税的改革不应仅围绕"工资、薪金所得"打转（胡洪曙等，2017）。从事此类职业的自然人很容易达到适用最高45%的税率级次，他们通常会采用开设工作室将综合收入所得转为经营所得进行税收筹划，这样最高只会适用35%的经营所得税率，或是通过制定"阴阳合同"逃避高额税款。加大对这类群体的监管力度，一是要提高经营所得税率，分多档实施超额累进税率，遏制利用成立工作室转移税务干

部目光的行为。二是扩大综合征收范围,将高收入群体的资本所得和财产性所得纳入综合征收范围(周波等,2021)。

8.1.5 加大减税降费力度,健全社会保障体系

党的十八大以来,习近平总书记反复强调共同富裕是全体人民共同富裕,不是少数人的富裕,也不是整齐划一的平均主义。促进共同富裕,最艰巨最繁重的任务仍然在农村。农民这一主要群体是我们为实现共同富裕首先需要考虑的对象,因为在数字经济时代这类群体是极易被时代浪潮所淘汰的群体。农村的发展机遇少,大多数人宁愿在城里当劳工,也不愿意返乡振兴。缩小贫富差距,不是"杀富济贫",也不是平均主义,而是紧扣"扩中、增低、调高",将融入社会财富创造的进程中。将财税治理与国家"五位一体"和"四个全面"的整体战略目标和内外循环促进产业发展有机综合考虑。基于此,一是要完善农村基础设施建设,保障农民生活需求,可加大对在农村从事住宿餐饮等第三产业减税的力度。二是应完善农民社会保障体系,推进社会保险制度改革,合并城镇、农村居民社会保险两套制度,降低社会保险费,统筹城乡一体化发展,解决农村居民的后顾之忧。

8.2 动态"信用+风险"的税收治理问题

8.2.1 数字经济下税收治理现状及难题

数字经济的爆发式增长倒逼推动纳税信用体系和社会信用体系的建设进程。动态多向的数字经济环境、公开透明的数据共享机制使得公众不遵守信用的成本越来越高,这有利于纳税信用体系的构建,提高纳税人的纳税遵从度,推进数字经济下税收治理的进程。与此同时,数字经济的发展也对一个国家的税收治理能力提出了新要求,为此,我国要积极应对数字经济在税收治理方面带来的新挑战,建立健全我国税收监管体制。

8.2.1.1 判定课税主体难度日益加大

数字经济背景下，锁定课税主体的难度日益加大。在过去的税收治理体系下，税收征管总是离不开实体经济，税源总是集中分布在一定区域内，便于追溯、查找、统计、计算，税收征管更偏向于实体管理。相应的，在整个税收征管过程中，税务机关更关注纳税主体的实体交易，因为在这种传统经济模式下，涉税主体更多的是登记在册的法人企业。正三角形的管理层级模式对于查找锁定税源提供了巨大便利。在固有的实体经济发展背景下，自然人和个体工商户的交易活动由于空间限制体现出了范围小且集中的特点，这也大大减少了税收管理活动的成本，简化了税收管理的落实过程。但是随着数字经济的不断发展，线上交易不再受时间、空间的限制，而是覆盖全球，交易迅速且便捷。同时，每个自然人进入经济市场成为生产者或者代销商的成本也不断降低，如京东、淘宝、拼多多等网购平台应运而生，这些平台囊括了各个领域的大量的商家，也面对上千万的消费客户，网络购物市场被全面打开。根据数据统计，仅仅双十一购物节几天，淘宝平台就达到千亿元以上的交易额。但是一个不容忽视的现状是税务部门对电子商务中的自然人未能及时进行税务登记，以及线上虚拟交易的纳税主体难以被有效识别和管理，形成小而分散的市场主体不屑管，大中型市场主体无人管的局面，这是一个亟待解决的难题。

8.2.1.2 税源监管难度大

数字经济背景下，获取涉税信息变得更为困难。近年来，随着数字经济的不断发展和网络平台经济的不断成熟，越来越多的经济活动主体参与到线上交易中来。共享经济的快速兴起和飞速发展使得原来的消费者很容易进入市场成为生产者，自然人群体作为交易主体的参与者不断增多。涉税信息方面，税务机关很难及时准确地掌握纳税人的涉税信息，导致双方存在信息不对称，税务机关对涉税交易的管控不到位，给了纳税人偷逃税款的空子。目前来看，虽然税务机关在通过企业等第三方平台获取准确的涉税交易信息，而且对税源源泉管控也起到了一定的作用，但是随着数字经济的发展和网络平台的逐渐成熟，大量的自然人加入涉税交易活动中，税务机关很难对这样单独散落的涉税主体进行有效监管，这将导致大量税源流失，损失数额不小的税款。

当前，数字经济发展日益深入，线上交易因为其便捷性被普遍选择，尤其是买卖双方均是自然人的时候，如果没有正规的平台作为中介获取涉税数据且开具发票，必将冲击现行的以票管税的税收治理模式。

8.2.1.3 定性所得归类难度大

数字经济的发展促进了企业经营范围的扩大，经营领域的外延，不仅局限在某一个或者两个环节和领域，而是开始走向复合经营，行业与行业之间的边界逐渐模糊、融合，出现了一个企业或个人可以独立完成从生产到销售的整个经济过程，兼并减少了很多产销环节。这一改变导致对传统的税收监管活动形成了巨大的冲击。具有虚拟性特点的数字经济也决定了涉税主体间数字经济活动的隐匿性，交易内容涵盖实物和虚拟产品，因此，税收征管面临的一个严峻问题是无法确认纳税人的所得，换言之，即使确认了也很难将所有所得进行定性归类和适用税目判定。

为了更好地应对数字经济的发展，亟须改进优化现在的税收监管模式，依据显著性经济实质存在的原则，解决数字经济下纳税主体锁定、涉税交易管控、所得定性归类等焦点问题。

8.2.2 优化税费服务体系的具体路径

8.2.2.1 树立联动集成的税收管理理念

既坚持纳税服务本身要素的集成，又坚持纳税服务与税收征管、税制之间的联动集成；既坚持将纳税服务融入国家治理，又坚持通过税收营商环境的改善来提升国家营商环境；既坚持税务机关提供纳税服务资源的职责和优势，又坚持鼓励社会各界参与提供纳税服务资源。

8.2.2.2 全面落实税收法定原则，加快税收征管法等相关法律法规的修订和实施

一是提升税收法律级次，增强税收制度与政策的确定性、协调性。加

大减免税政策落实力度，提升国家税收竞争力，实现税企双赢，进而营造低成本、高活力的税收营商环境。

二是征管法的修订要重点围绕明确纳税人自行申报法定义务、信息披露法定义务，完善纳税人权益保护，规范信息共享和第三方信息获取内容等修订内容，分步开展税收征管配套规章制度的制定与完善，为构建友好的税收营商环境提供制度保障。

8.2.2.3 以风险管理为导向，搭建动态风险预警体系

完善重点行业、重点税源风险特征库，区分重点税源与一般税源的风险应对手段，构建分类分风险管理体系。对重点税源实行个性化、专业化的管理和服务，对一般税源开展日常管理和辅导咨询。提升税收管理信息系统的智能化水平，以加强数据的整合和增值利用，提高执法效率。

8.2.2.4 优化纳税服务

以更开放的姿态实时了解、快速响应纳税人需求，体现纳税人主体地位，维护纳税人主体权利，在更高层次上营造沟通顺畅、可预期的税收营商环境。要推进纳税服务集约化，改变税务机关单一渠道提供纳税服务的模式，运用市场机制，调动社会力量，将中介机构、行业协会、志愿者等社会主体纳入纳税服务工作中，发挥服务资源的整体优势，不断推进纳税服务集约化。要推进纳税服务国际化，为"走出去"企业提供高质量的税收业务指导与服务。

8.3 元宇宙时代的财税政策与网络安全问题探讨

自2019年12月新型冠状病毒疫情暴发以来，在党中央的坚强领导下，中国的防疫成果明显，这离不开国家的集中动员和民众配合，也与近些年网络数字技术的飞速发展和应用密切相关，伴随着新一代信息技术的纵深发展，以大数据、人工智能、区块链、云计算等新兴技术为代表的第四代产业革命在全球范围内影响着经济社会发展及国家治理，数字化改革是第

四次产业革命在国家治理领域的深入发展。伴随着数字化的飞速发展，数据安全更是成为国家治理的重中之重，为了规范数据处理活动，保障数据安全，促进数据开发利用，我国于2021年6月颁布《中华人民共和国数据安全法》以保护个人、组织的合法权益。

如今大数据的追踪、网上教学、视频会议等等背后都有数字技术的支撑，全球都在加快数字化转型，人类的数字化意识和习惯渐渐养成，因此催生了拥有"数字孪生""数字原生""虚实相生"三个层次的热潮——元宇宙，元宇宙是人类走向数字化时代的载体，更是人类步入数字化生存高级形态的重要标志。自20世纪90年代互联网普及以来，网络空间一直在不断更迭演变。人们创造了包括社交网络、虚拟3D世界（VR聊天）、智能穿戴、不可替代代币游戏等以计算机和手机为媒介的虚拟环境（Ruizhi Cheng et al.2022，Lik-Hang Lee et al.2021）。在创新型应用技术的推动下，人们逐渐从互联网向元宇宙过渡，虽然目前，超时空似乎是未来主义的，但在先进的技术和生态系统不断发展进步的维度下，网络空间的数字化已经不远了。在全球疫情大流行的背景下，数字化的重要性进一步突显，并再一次得到了快速的发展，人类工作、生活的方方面面由于数字化的发展得到了空前的改变，同时也使得一批科技公司和科学工作者开启了对未来人类社会的美好向往。

2021年也被称为元宇宙的元年，元宇宙则是基于此背景而重新兴起的概念，进一步促进人们物质生活方方面面的数字化转型。因此，被很多人视作"下一代互联网"的元宇宙，迅速占领科技和资本市场，并很快从学界、投资界、产业界走进媒体和公众的视野，种种迹象表明，未来将有大量的资金、人才、科研计划投入该领域中。

8.3.1　元宇宙行业发展的各国现状

当前，互联网红利逐渐见顶，元宇宙作为新的地标耸立在科技变革的最前沿，备受瞩目，一时热度居高不下，随着互联网巨头纷纷进军元宇宙，整个行业发展的导火线将被爆炸式点燃。"元宇宙"一词来源于美国科幻作家尼尔·斯蒂芬森的一本名为《雪崩》的小说，斯蒂芬森以

Meta+verse组成了这个词，意思是"超越于现实之外的宇宙"，现如今这本书，开始频繁地被提及，甚至美国企业Facebook创始人扎克伯格已经正式宣布将Facebook改名为"Meta"。

当互联网走到新的十字路口，在元宇宙概念公司不断上市的推动下，美国企业带头以元宇宙概念重构科技世界，以完成下一代技术领先发展（冉晓宁，2021），这才有了Facebook更名为Meta，扎克伯格强调这个新名字能更好地"包容"旗下业务，不止是社交媒体，还有虚拟现实即将拓展的新领域，并公布了他打造"元宇宙"的计划，目的是吸纳更多的开发者和创作者一起建立一个数字虚拟世界，在社交、游戏、工作、教育等各个领域发力，把人们的日常都囊括其中，他阐释未来元宇宙将尽可能地服务更多的人，包括普通人、创作者以及商业机构。当下，美国无论在元宇宙的概念提出还是技术储备上颇具锐气，因此众多科技企业跟随Meta入局，纷纷发布元宇宙规划蓝图和技术路线，全面推动元宇宙"政治战略"，使科技巨头重获政府信任。在打造跨越虚拟与现实的多人互动虚拟世界过程中，各企业不甘落后，基于自身资源和技术储备的考量，最终打造的虚拟沉浸空间各有特点，各有侧重。近期，微软发布声明，公司正在尝试开发企业版的元宇宙，硬件、软件同时发力打造办公元宇宙，并将在2022年上半年推出第一批具有数字化功能的Teams聊天和会议程序版本。英伟达以GPU底层算力为基础，以Omniverse Avatar用于生成交互式AI化身的技术平台打头阵，重点突破实时仿真模拟和Omniverse数字孪生。Nike和Apple也相继有大动作，Nike提交了商标申请，希望在游戏等虚拟世界中销售带有其swoosh标志的运动鞋、服装等商品，Apple的VR新品已经进入测试阶段，预计在2022年发布。

像美国这样力挺元宇宙，大力投入人力、财力、物力，积极构建国家级元宇宙平台的国家有很多。在日韩也盛行"元宇宙"概念，日本业内人士认为，互联网的高速发展和智能手机的普及使虚拟现实、混合现实越来越接近人们的生活，未来元宇宙或将通过技术手段使现实空间和网络空间逐渐融合，涉及娱乐游戏等多个商业领域，将成为未来智慧城市最重要的关键词（刘春燕，2022）。目前，日本已有多家公司入驻"元宇宙"。虚拟社交媒体Cluster公司推出了"元宇宙平台"，玩家可在平台中创造虚拟形象、社交、参加虚拟音乐会等（陈萌萌，2022）。从技术层面看，元宇宙与游戏有紧密的联系，相比较而言，游戏公司更易于发展元宇宙产业。因此，日本充分发挥自己在游戏文化、动漫内容和IP处于全球领先地位的优势，将"元宇宙"领域下的游戏产业纳入国家战略中。2021年6月，日本VR冒险游戏开发商My Dearest筹资9亿日元，拟投入集原创IP、VR游戏、社区三位一体的创新型VR游戏开发。2021年8月，日本移动社交游戏平台公司GREE宣布投资100亿日元加入元宇宙事业，目标是用两到三年的时间在全球范围内争取到数亿用户（刘春燕，2022）。韩国紧跟其后，日前首尔市政府宣布从2022年起分"起步""扩张""完成"三个阶段在经济、文化、旅游、教育、信访等市政府所有业务领域打造元宇宙行政服务生态。今年将通过第一阶段工作完成平台的搭建，引入经济、教育、观光等7大领域投入，总投资计划为39亿韩元。韩国科学技术信息通信部谈到，按照计划，韩国将培育至少220家营业额超过50亿韩元（约合2664万元人民币）的元宇宙企业，并创办"元宇宙学院"，实现到2026年共培养4万名本土专家的目标，跻身于全球元宇宙市场前五强。

2021年以来，元宇宙概念持续火热。先是韩国首尔等世界经济发达城市参与进来，发布规划打造元宇宙城市，随后，国内的上海、无锡等多个城市也积极表示，要布局、发展元宇宙技术及相关产业（无锡市滨湖区人民政府，2022）。2022年1月8日，上海市经济信息化工作党委、市经济信息化委召开会议，谋划2022年产业和信息化工作（上海市经济和信息化委员会，2021）。该会议强调布局元宇宙新赛道的第一步是开发应用场景，培育重点企业。业内人士普遍认为，各地方布局元宇宙相关产业，对全面推进城市数字化转型、发展数字经济具有重大意义。发展元宇宙并不是完全脱离现实进入虚拟世界，而是以赋能实体经济为导向，将虚拟与现实相结合，更好地发展经济。随着各大城市参与元宇宙赛道，VR、AR、人工智能等相关产业也迅速发展起来。网易、腾讯、阿里、字节跳动扎堆入局元宇宙，并抢先申请注册商标，腾讯集中投资游戏领域，打造元宇宙游戏帝国；字节跳动重点发力VR，开发沉浸式社交平台。投资界以"中青宝"为首的A股市场反应也相当迅速，汤姆猫、完美世界、盛天网络等所谓的与元宇宙概念相关的股票股价在2021年四季度短时间内都出现疯狂上涨的态势。据不完全统计,截至2022年3月,各研究机构发布的元宇宙投资研报已近200篇,其中中信、安信等证券研究机构发布的研报数量都超过了10篇。安信证券甚至在2021年11月11日官宣成立全市场第一家元宇宙研究院。但事实上,据市场调查所知,元宇宙目前仍处于早期试验发展阶段,已经开发的虚拟场景社交互动也十分简单易操作,尚未形成大规模产业应用,也因此A股市场并不能提供较多的优质标的公司。

中国人民大学副教授王鹏表示,在这样一个时代趋势下,更多的传统企业正在大力推动数字化转型(李文、张博,2022),在新业态新模式下竞相发展,加速人类从现实世界向虚拟世界迁移,行走于现实与数字之间,加速元宇宙建设与发展。未来元宇宙在教育、医疗、政府服务等实体经济场景下将有所应用,在政策支持下,促进应用场景多元化的同时,也能促进相关企业的发展,形成良性循环,使人工"虚拟现实"渐渐深入到每个人的日常生活,日益成为一个跨资本、跨国家、跨阶级的庞大社会生态体系。但由于数据资源规模庞大,价值潜力还没有充分释放,元宇宙浪潮下仍然存在安全隐患,导致我国数字经济发展也面临一系列的问题和挑战。

8.3.2 国内外元宇宙相关政策及市场空间前景

近年,国家相继出台了《网络强国战略实施纲要》《数字经济发展战略纲要》,国家主席习近平于2022年1月在《求实》发表题为《不断做强做优做大我国数字经济》的论文中指出:"发展数字经济是把握新一轮科技革命和产业变革新机遇的战略选择。数字经济健康发展,有利于推动构建新发展格局,有利于推动建设现代化经济体系,有利于推动构筑国家竞争新优势(习近平,2022)。"从国家层面部署推动数字经济发展,各地方政府在确保元宇宙产业走向规范化、标准化的前提下也出台相应政策,强调积极发展元宇宙产业,推动元宇宙与实体经济融合,发展相关技术,壮大数字产业。随着"元宇宙"的出圈,不少学者也对其概念阐述了自己的观点,虽然说法有异,但观点不谋而合,他们认为:"元宇宙是一种虚拟和现实相结合的能力。用人文艺术眼光来看,虚拟和现实结合的过程源于人性,代表着人之为人最久远的愿望,它的本质是用符号构建意义系统,在此基础上，人们不但可以浏览内容，还能够置身内容当中，参加互动，并且允许每个用户进行内容生产和世界编辑；用科学的眼光来看，它是通过虚拟增强的物理现实，是具有连接感知和共享特征的 3D 虚拟空间，通过多种技术将新型虚实相融的互联网应用和社会形态进行整合，使虚拟与现实世界在经济、社会、身份系统上密切融合"。目前情况下元宇宙还面临三个挑战：内容生产效率低、内容品质相对粗糙、兼容性不够，我们若想要打造一个比较好的元宇宙，在CPU、GPU和集成电路方面的算力必须有一个大幅度的提升，并且我们应该充分利用算力提升过程的窗口期，尽可能掌握更多的核心技术，创造出一个低成本、低能耗的运营方式。

综上，"元世界"的核心是沉浸式互联网的愿景，它是一个巨大的、统一的、持久的和共享的领域（LH Lee et al，2021）。但新事物必然伴随新风险，当前元宇宙仍处于发展的最初阶段，距离成熟还有漫长的路要走，虽然存在无限可能性，却也更存在许多不确定性，当前的科学讨论多停留在概念的讨论上，尚未形成具有广泛认可的技术成果。我们想集成现有新兴科学技术以创造一个全新世界的愿景是好的，但要清醒地认识到当前的不足以及未来的诸多不确定性。因此，对于产业界而言，面对科学研究如此薄弱的领域，在技术产业布局和投资中需要慎重决策，我们应该在发展产业的同时，更多的关注网络安全。

8.3.3 元宇宙相关领域存在的问题

未来，随着数字技术的不断发展，加之2019年以来新冠疫情的暴发和不断反复，要求人与人之间保持安全社交距离，这也不断推动了面对面交流、饮食、运动等基本生活模式发生改变，网络产业日益发达，部分现实行业必然面临退出历史舞台，人们也越来越依赖手机、电脑、VR等电子产品，在这些设备上花的时间也将越来越多，极度消耗着人们的精力。

8.3.3.1 成瘾后对健康和人口增长存在负影响

从互联网时代到元宇宙时代，人们逐渐从传统的线下实体扩展到线上，甚至有了线上取代线下的趋势，这使得人们足不出户的情况下，仅用一部手机就能解决大部分生活问题，疫情来袭后，线上教学、线上办公的生活模式减少了许多聚会出行的集体活动，于是形成了终日与手机为伴的现状，久而久之，大家对手机便产生了依赖。数据显示，2021年中国成年人每日玩手机的时间超过196分钟（3小时16分钟），并且这个数字逐年大幅攀升。手机给人们带来便捷的同时，过度依赖手机也给人们的身心健康带来一定的危害。越来越多的人患上了"手机依赖症"和"手机恐慌症"，人类将不可避免地持续产生视力退化、失眠、内分泌紊乱、缺乏运动导致身体健康状态不断退化等问题，尤其是针对人们在现实中通过艰苦努力才能达到或根本无法企及的目标，在虚拟世界中予以实现，如此更容易弱化人们在现实社会实践中的斗志和进取精神。美国国家研究计划公司副总裁劳伦斯·兰诺姆表示：人们更容易沉迷于全能的游戏和幻想体验，导致许多人更加孤立，社会凝聚力进一步瓦解，因为虚拟现实提供了一种简单的替代方案；恐惧和不满的加剧，会使有影响力的人获得指挥数百万与会者集会的能力，导致政治动荡。因此要警惕元宇宙剑走偏锋沦为"精神毒药"，不要让它成为人们尤其是未成年人新的精神麻醉汤。沉迷于虚拟世界将导致人们对何为真、何为假失去共识，容易让未成年人形成新的精神依赖，放弃在现实中通过奋斗来实现梦想的目标，逐渐失去社会凝聚力，与现实世界脱钩，情感物化虚拟化问题将日益严重。美国国家消除家庭暴力网络高级技术安全专家托比·舒拉夫预测：当我们从'永远开启'到'始终在线'时，不断的沉浸可能会导致身体、心理、情感和精神上的影响，包括压力反应、头痛和睡眠不安。矛盾的是，虽然虚拟世界可以让我们逃避身体的局限性，但许多用户描述了他们在虚拟体验中，包括感觉、情感和反应都得到了加剧。

8.3.3.2　逐渐普及后的网络安全难以得到保障

近年来，随着各种技术的不断涌现和进步，实现元世界成为可能，它可以给人类社会带来很多好处，如：减少歧视、消除个体差异、更加社会化。然而，数字经济时代不可避免地会存在安全和隐私问题，因为数字化程度越高，安全挑战越大，元宇宙面临的安全风险也就越大，平台对数据的占有和使用可能会侵犯和损害用户的隐私和选择权。这对个体数据规模、种类、颗粒度和时效性提出了更高层面的要求，个体隐私数据作为支撑元宇宙持续运转的底层资源需要不断更新和扩张，这些数据资源如何收集、储存与管理？如何合理授权和合规应用？如何避免被盗取或滥用？如何实现确权和追责（王儒西、向安玲，2021）？种种问题都有待商榷。在大数据的控制下，隐私变得透明化，个人和企业信息安全难以保障，一些黑客经常通过非法手段侵入别人的电脑，盗取数据信息，破坏电脑系统，致使大量病毒更容易侵犯电脑系统（雷敬斌，2020）。而如今，元宇宙的发展可能会引起网络安全系统的崩溃，使不法分子更容易寻找法律漏洞，并在此基础上窃取参与者的各项数据信息，给参与者带来损失。数字化在让人类更"智慧"的同时也让安全保障更"脆弱"，俄罗斯总统弗拉基米尔·普京认为，这对科技公司、创意产业、虚拟现实和混合现实设备的制造者，乃至对必须制订这个"全新世界"的经济和社会关系规范的法律学家来说，都是一个真正的挑战。普京解释说，这涉及的不只是确保个人在网络空间的安全，还有个人在"元宇宙"中的虚拟替身的安全。

8.3.3.3 元宇宙时代背景下的征管模式难以跟进

日前，国内多市税务局稽查局依法向多位触犯税收法律的流量明星下达税务行政处理决定书，并依法履行税务行政处罚告知程序，让人们意识到：法律面前，没有侥幸，无论网上网下，不管哪个领域，都不存在税收的"灰色地带"。但随着平台经济，数据时代的快速发展，市场规模大，从业群体大，产业形式多种多样，给税收监管带来了极大的难度，对维护税收的法律性和权威性也提出了挑战。传统的法律客体包括：物、人身利益、智力成果、其他财产性权利，而在元宇宙世界中主要表现为虚拟财产，主要包括游戏装备、道具、NFT、虚拟货币等数字化财产，并且在一定条件下可以转化为现实中的财产（CNN，2021）。虽然有一定的空间将元宇宙中的经济活动纳入《个人所得税法》等税收法律的监管之下（肖飒，2021），但基于税收的法律保留、税收法定原则，元宇宙中的NFT、虚拟财产等法律性质不明，立法空白导致税收监管难以对其发挥作用。

8.3.4 元宇宙时代背景下的财税与网络安全探讨

8.3.4.1 元宇宙发展导致人口增长缓慢问题的财税建议

现实世界是不完美的，种族歧视、个体差异、阶级矛盾等问题普遍存在，元宇宙为我们提供了一个新的构建"理想国"的思路：建立一个比现实世界拥有更多刺激、更多联系、更多自由和平等的数字世界。越来越多的年轻人享受足不出户即可工作、买菜、甚至交友娱乐，特别在疫情不断反复，经常需要居家隔离、居家办公的情况下，一方面，会降低国民身体素质，另一方面，自虚拟现实、游戏发展普及后，年轻人可能面临更偏好虚拟的感情世界，而放弃现实中的结婚生子，从而带来人口增长缓慢，甚至人口萎缩负增长的问题，因此，未来元宇宙背景下征单身税和丁克税也许并不遥远。同时，鼓励生育的税收政策也不应局限于个人所得税专项附加扣除的内容，应从财政上给予金钱补贴或对机关企事业单位职务上给与优先考虑。而对大量家境优渥的丁克族的涌现，政府也应合理引导，在其离世后，是否可以采取更积极的措施回馈社会。

8.3.4.2 元宇宙网络财税安全保障问题的建议

如今，大数据技术逐渐成熟，经济受其影响也快速崛起，许多企业意识到目前的网络信息安全情况并不乐观。企业在发展过程中，要重视信息安全这个隐患，必须把安全置于一切数字化的前提，若安全受到威胁，在快速发展的智能时代，依靠任何单一手段都无法完全解决问题。信息化是企业实现管理变革、提升自身竞争力的必经之路，而作为企业信息化建设重要组成部分的财务管理系统更是起到了关键作用，也因此我们要更加重视财税信息安全。中国工程院院士廖湘科强调，网络安全不能只限于补漏洞，必须寻求新的思路和新的技术。所以在进行安全风险防控过程中，企业应当以财务数据和信息导向建立适合自身的财税风险预警系统（林凡祥，2019），并且要对财税风险预警与防控系统进行实时更新，使该系统可以根据市场信息变化，结合财务数据准确进行风险预测，及时处理。

8.3.4.3 受元宇宙裂变影响的财税治理体系变化问题的建议

元宇宙裂变产生多种经济元素，在虚拟世界中，不再有国界，国际贸易也不仅仅限于物流管控，海关的职能自然而然要发生改变，许许多多的问题逐渐暴露出来，线上虚拟数字货币进行支付，没有完税算不算走私，如何处理？若是进行国际交易，是否按照现有的国际汇率体系支付？怎样控制税款足额？毫无疑问，各国现行的财税治理体系已经受到冲击，纵观过去，漫漫历史长河中财税制度始终是围绕经济时代特征变迁的。因此，在国际数字贸易快速发展的今天，我们不得不制订长远性、系统性战略策划，探查各种纳税服务模式的可能性，超前研究国际虚拟货币与人民币的关系，提升算术水平，加强技术手段（焦瑞进，2021），抢先一步建立起国际虚拟数字货币交易体系，完成新的财税理论体系和制度体系的建设。

当前，世界处于百年未有之大变局，未来世界之发展，新技术革命之发展，给我们提出了前所未有的新挑战。这个时代是一个伟大的时代，这个时代的一切都在重构，它是一个质的飞跃，从自然科学角度来说，我们从原来的三维物理空间又扩展到四维空间，增加了一个数字空间，使得我们对各种研究更加深入，我们可以深入到微观世界，可以深入太空，进入宏观世界，我们的视野思路将更加开阔。元宇宙作为未来智能时代文明的基座，也是继承人类科技文明的最新成果。面对这种未来文明的生活方式，人们满怀期待，但技术的迭代演变不是一蹴而就的，短期来看，元宇宙产业的成熟需要单独的技术发展周期，暂时无法完全融入人类的生活模式中，但长期来看，元宇宙的发展态势就如同我们现在习以为常的信息时代一般，以元宇宙为核心的智能时代必然会到来。与此同时，它会由点及面地开始改造人们的生活方式和生产模式，最终由生产端、服务端到消费端全方位融入人类社会的生态组织架构当中。不论何种技术，总是保持以人为本的人文主义精神，从人本身出发，最终又回到人身上，这或许是看待元宇宙较好的方式。未来已来，拭目以待。

参考文献

中文参考文献

[1] 白玉明, 黄盛阳. 从税务遵从报告视角探析大企业税务风险管理[J]. 税务研究, 2017(11): 110-115.

[2] 曹阳, 李清. 基于纳税服务的企业税收风险防范[J]. 税收经济研究, 2017, 22(03): 27-29.

[3] 曹阳, 李清, 李涛. 基于非参数支持向量机的企业税收风险识别模型[J]. 统计与决策, 2019, 35(11): 171-174.

[4] 曹阳, 张巍, 李涛. 后疫情时代的数字型税务机关建设[J]. 地方财政研究, 2021(04): 30-34+76.

[5] 陈华龙. 互联网直播个人所得税税收法律规制[J]. 税收经济研究, 2018, 23(01): 61-68.

[6] 陈璟. "直播带货"的法治化监管路径探索[J]. 人民论坛·学术前沿, 2020(17): 124-127.

[7] 陈萌萌. 日本Cluster公司对"元宇宙"的探索与构想[J]. CNET, 2022-1-25

[8] 陈诗一. 非参数支持向量回归和分类理论及其在金融市场预测中的应用[M]. 北京: 北京大学出版社, 2008: 17-21.

[9] 陈天灯. 构建企业税务风险管理体系研究[J]. 管理世界, 2013(06): 176-177.

[10] 程欣怡, 田发. 电商直播的税收征管问题研究[J]. 互联网天地, 2021(09): 44-48.

[11] 戴锦华. 元宇宙 幽灵与现实[R]. 北京: 北京大学"认识元宇宙: 文化、社

会与人类未来"学术论坛, 2022.

[12] 戴勇平, 徐菊兰, 许和平. 完善税收风险管理运行机制的对策[J]. 税务研究, 2016(07): 67-70.

[13] 窦智宙, 平子良, 冯文兵, 王永祥. 多分类支持向量机分割彩色癌细胞图像[J]. 计算机工程与应用, 2009, 45(20): 236-239.

[14] 杜莉, 郑毓文. 应用区块链技术推动我国增值税征管创新: 机制分析和方案设计[J]. 税务研究, 2018(06): 72-79.

[15] 冯俏彬. 促进共同富裕要发挥好税收的调节作用[J]. 税务研究, 2021(11): 11-13.

[16] 冯毅. 浅谈我国电子竞技产业发展现状及对策分析[J]. 企业科技与发展, 2018(10): 27-28.

[17] 付丽丽. 元宇宙最大的风险是数字安全[J/OL]. 科技日报, 2021-12-30

[18] 付伯颖, 席卫群, 徐志, 等. 拧紧责任链条: 规范影视行业税收秩序[J]. 财政监督, 2018(22): 13.

[19] 傅鐘漩, 武辉, 朱洪坤. 建立税收内外风险防控协作机制的实践与思考——以国家税务总局山东省税务局为例[J]. 税务研究, 2021(08): 123-128.

[20] 高峰. 电子产品与健康[J]. 维普期刊, 2015

[21] 高金平. "以数治税"背景下加强税收风险管理的若干建议[J]. 税务研究, 2021(10): 127-132.

[22] 高金平. 影视行业的会计与税务处理[J]. 中国税务, 2019(02): 59-63.

[23] 高照钰. 促进电竞产业发展的税收政策研究[J]. 税务研究, 2020(06): 110-113.

[24] 龚六堂. 数字经济就业的特征、影响及应对策略[J]. 国家治理, 2021(23): 29-35.

[25] 郭鹏辉. 回归分析法在纳税评估中的应用与实现[D]. 大连: 大连理工大学, 2007:

[26] 国家税务总局赴澳大利亚大企业税收管理第二期培训课题组. 澳大利亚大企业税收风险管理评介[J]. 税务研究, 2014(12): 78-81.

[27] 国家税务总局教材编写组. 企业所得税政策与法规[M]. 北京: 中国财政

经济出版社, 2003.

[28] 韩杰灵. 从直播带货谈大数据时代税务监管执法效能的提升[J]. 湖南税务高等专科学校学报, 2020, 33(06): 54-59.

[29] 郝小飞. 税收风险管理问题研究[D]. 天津: 天津财经大学, 2019.

[30] 何键海. 网络主播打赏收入税收征管制度研究[D]. 重庆: 西南政法大学, 2019.

[31] 胡洪曙, 王宝顺. 我国税制结构优化研究——基于间接税与直接税选择的视角[J]. 税务研究, 2017(08): 14-20.

[32] 胡磊, 何柏林, 巫黛春, 周杰. "互联网+"时代下的税收风险管理[J]. 税务研究, 2016(06): 67-68.

[33] 胡云松. 税收风险管理探索与实践[J]. 税务研究, 2009(11): 80-81.

[34] 黄广薇. 大数据在税收风险管理中的应用探析[J]. 农村经济与科技, 2021, 32(02): 92-93.

[35] 黄伟. 审慎区分偷逃税款与合理的税收筹划[J]. 检察风云, 2019(03): 14.

[36] 贾康, 程瑜, 于长革. 优化收入分配的认知框架、思路、原则与建议[J]. 财贸经济, 2018, 39(02): 5-20.

[37] 焦瑞进. 元宇宙裂变, 财税体系应积极应对[N]. 第一财经, 2021-09-27.

[38] 金花妍, 刘永泽. 基于舞弊三角理论的财务舞弊识别模型研究——支持向量机与Logistic回归的耦合实证分析[J]. 大连理工大学学报(社会科学版), 2014, 35(01): 92-97.

[39] 鞠秦仪. 从风光无限到身陷囹圄[J]. 检察风云, 2018(15): 62-64.

[40] 雷敬斌. 大数据在财税风险预警的应用研究[J]. 企业科技与发展, 2020(04): 106-107.

[41] 黎东, 周建鹏. 税收法治视野下的执法风险防范分析[J]. 经济研究参考, 2017(35): 57-59.

[42] 李丽辉. 增值税降税率消费者受惠多[N]. 人民日报, 2019-03-20(010).

[43] 李汉文. 当议税收风险的定义及危害[J]. 税务研究, 2008(08): 66-68.

[44] 李鹏飞. 纳税评估问题研究[D]. 大连: 东北财经大学, 2011.

[45] 李齐. "网络直播"所得的课税问题及征税建议[J]. 法制博览, 2018(21): 206.

[46] 李为人, 李斌. 在税收风险分析中引入人工智能技术的思考[J]. 税务研究, 2018(06): 29-34.

[47] 李维莹. 影视产业的税收政策研究[D]. 广州: 暨南大学, 2016.

[48] 李文, 张博. 元宇宙概念持续火热, 多地积极表态布局新赛道[N]. 证券日报, 2022-01-12

[49] 李晓曼. 税收风险管理的国际比较[J]. 涉外税务, 2013(03): 49-53.

[50] 李悦. 网络直播"打赏"的税收征管: 理论阐释与制度优化[J]. 文化产业研究, 2019(04): 258-270.

[51] 梁季. 税收促进第三次分配与共同富裕的路径选择[J]. 人民论坛, 2021(28): 34-39.

[52] 林凡祥. 论大数据与企业财务风险预警[J]. 纳税, 2019, 13(26): 74+77.

[53] 林竞. 大数据视域下我国电子竞技发展的理论构建[J]. 赣南师范大学学报, 2020, 41(06): 118-121.

[54] 林天义. 关于加强大企业税务风险管理的思考[J]. 税务研究, 2010(09): 89-91.

[55] 刘春燕. 日本的"元宇宙"概念热潮[N]. 经济参考报, 2022-02-08

[56] 刘海雯. 互联网直播的纳税问题探讨[J]. 市场研究, 2019(05): 38-40.

[57] 刘昊. 人工智能在税收风险管理中的应用探析[J]. 税务研究, 2020(05): 79-82.

[58] 刘天永. 中国税务律师实务第2版[M]. 北京: 法律出版社, 2012.

[59] 罗志恒, 杨新, 万赫. 共同富裕的现实内涵与实现路径: 基于财税改革的视角[J]. 广东财经大学学报, 2022(01): 4-13.

[60] 马克和, 吕江. 遗产税: 开征困境与破解对策[J]. 税务研究, 2021(09): 118-122.

[61] 马敏. "互联网+税务"背景下税收征管现代化问题研究[J]. 税务研究, 2019(02): 109-113.

[62] 卜羽勤. 网红主播迎来"补税潮"? 新业态缴税亟待合规[N]. 21世纪经济报道, 2021-10-14(002).

[63] 齐鑫鑫. 识别偷税的税务稽查方法研究[D]. 长春: 吉林大学, 2010.

[64] 冉晓宁. 元宇宙: 与其坐而论道, 不如起而行之[N]. 中国电子报, 2021-11-

25

[65] 上海市经济和信息化委员会.上海电子信息产业发展"十四五"规划[EB/OL].2021-12-30.

[66] 史海凤.对税收风险管理的思考[J].经济论坛,2011(07):129-131.

[67] 施志群.直播行业,个税风暴已然来临?[N].财会信报,2017-06-12（B04）.

[68] 宋高名.网络直播个人所得税税收征管问题研究[D].长春:吉林财经大学,2021.

[69] 孙绍勇.促进收入分配的共同富裕[J].政治经济学研究,2021(03):27-31.

[70] 王超.浅析中小企业税务风险及控制措施[J].中国国际财经(中英文),2017(17):155-156.

[71] 王桂英.网络主播收入的个税征管分析[J].湖南税务高等专科学校学报,2019,32(03):42-47+66.

[72] 王立东.全省地税系统行业纳税评估指南[M].吉林:吉林省地方税务局,2014.137-138.

[73] 王莉丽.论新形式下的企业所得税纳税筹划[J].时代经贸(下旬刊),2007(09):183-185.

[74] 王儒西,向安玲.2020~2021年元宇宙发展研究报告[R].北京:清华大学新媒体研究中心,2021.

[75] 王儒西,向安玲.元宇宙发展研究报告2.0版[R].北京:清华大学新媒体研究中心,2022.

[76] 王胜会.为规避限购令之借名买房行为效力研究[D].重庆:西南政法大学,2013.

[77] 王向东,罗勇,曹兰涛.数字经济下税制创新路径研究[J].税务研究,2021(12):35-40.

[78] 王向东,王文汇,王再堂,黄莹.大数据时代下我国税收征管模式转型的机遇与挑战[J].当代经济研究,2014(08):92-96.

[79] 韦幸文.六成90后患有严重"手机依赖症",你能放下手机吗[J/OL].光明网,2021-4-22

[80] 吴冬梅,朱俊,庄新田,杨霖. 基于支持向量机的财务危机预警模型[J]. 东北大学学报(自然科学版), 2010, 31(04): 601-604.

[81] 吴水澎,陈汉文,邵贤弟. 论改进我国企业内部控制——由"亚细亚"失败引发的思考[J]. 会计研究, 2000(09): 43-48.

[82] 吴建平. 大数据背景下税收风险管理问题研究[D]. 石家庄: 河北经贸大学, 2020.

[83] 吴蔚,陈江,王静. 灵活应用微信平台创新防范税收风险[J]. 中国税务, 2020(12): 62.

[84] 无锡市滨湖区人民政府. 太湖湾科创带领区元宇宙生态产业发展规划[EB/OL]. 2022-01-05.

[85] 习近平. 不断做强做优做大我国数字经济[N]. 求实, 2022-01-15.

[86] 夏智灵. 税收风险管理的理论和实践[J]. 税务研究, 2017(01): 117-120.

[87] 肖飒. 对元宇宙居民征税,可行吗[J/OL]. 意见领袖, 2021-12-17

[88] 闫斌. 网络直播行业的法律风险与规制[J]. 社科纵横, 2019, 34(02): 75-79.

[89] 鄢琳. 关于网络主播个人所得税征收问题探析[J]. 纳税, 2017(12): 12.

[90] 阳骏滢,黄海燕,张林. 中国电子竞技产业的现状、问题与发展对策[J]. 首都体育学院学报, 2014, 26(03): 201-205.

[91] 杨志勇. 实现共同富裕的税收作用[J]. 税务研究, 2021(11): 5-7.

[92] 叶青,赵福昌,翟继光,李森,文峰,阮静. 共同富裕与收入分配改革: 如何推进?[J]. 财政监督, 2021(20): 36-49.

[93] 俞杰,阮晶琦,周春英. 数字经济背景下的税基侵蚀与利润转移[J]. 财政科学, 2017(08): 53-63.

[94] 尹雪莲,葛美丽. 浅谈对影视服务行业企业所得税的纳税筹划——以HD影视公司为例[J]. 现代营销(信息版), 2019(02): 14-15.

[95] 于姗姗. 大企业税务风险预警体系的构建——基于AHP分析法[J]. 税务与经济, 2017(03): 95-101.

[96] 于雅杏. 直播电商税收征管策略分析——从参与方盈利模式的视角[J]. 河南财政税务高等专科学校学报, 2021, 35(04): 21-28.

[97] 远山. 直播带货不能再徘徊于税管之外[N]. 经济观察报, 2021-10-18

（008）.

[98] 翟克华. 网络直播的税收问题研究[J]. 行政事业资产与财务, 2021(14): 3-5.

[99] 张爱球. OECD的税收风险管理理论与实践[J]. 中国税务, 2009(11): 18-20.

[100] 张国钧. 以"数字驱动"提升税收治理效能的探索与思考[J]. 税务研究, 2021(01): 54-58.

[101] 张静. 平稳增长下影视行业的避税风险及加强防范[J]. 今日财富, 2019(09): 116-117.

[102] 张平, 孙阳. "一带一路"倡议新时期"走出去"企业税收风险: 防范、问题与对策[J]. 税务研究, 2018(06): 65-67.

[103] 张淑梅, 王睿, 曾莉等译. 属性数据分析引论[M]. 北京: 高等教育出版社, 2008.

[104] 张晓娜. 新药试验合同纠纷第一案[J]. 法人, 2013(06): 43-45+96.

[105] 张媛. 网络直播行业税收征管法律问题研究[D]. 重庆: 西南政法大学, 2019.

[106] 赵桂芝, 李亚杰. 促进收入分配公平的税收制度完善[J]. 税务研究, 2021(04): 31-35.

[107] 赵倩. 影视行业税务问题研究[D]. 北京: 对外经济贸易大学, 2019.

[108] 智勐. 加快数字税务建设高质量推进新时代税收现代化[J]. 税务研究, 2020(08): 31-35.

[109] 周波, 李国英. 高质量发展中扎实推进共同富裕——基于财政视角[J]. 东北财经大学学报, 2022(01): 3-10.

[110] 周锟. 百年党史中税收制度改革与共同富裕思想的重要互动[J]. 国际税收, 2021(06): 20-28.

[111] 朱捷. 影视类企业申报高新技术企业认定管理与实践[J]. 电视工程, 2021(3): 2.

[112] CNN. 不要告诉马克·扎克伯格: 投资者已经发现了元宇宙[J]. 中国经济周刊, 2021(22).

英文参考文献

[1] Aaron Bush. Into the void: Where crypto meets the metaverse, Jan 2021.

[2] Anderson J. A. Logistic Discrimination [M]. *In Handbook of Statistics. 2nd ed. P. R. Krishnaiah, New York:North-Holland*, 1981.

[3] Bing Liu. Tax Evasion, Taxation Inspection and Net Tax Revenue: from an Optimal Tax Administration Perspective [J]. *Journal of Computers*, 2011, 9(6):1799-1804.

[4] B Torgler,ICDemir,AMacintyre,M Schaffner. Causes and Consequences of Tax Morale: An Empirical Investigation [J]. *Economic Analysis and Policy*, 2008, 38(2):313-339.

[5] Casey P, Baggili I, Yarramreddy A. Immersive virtual reality attacks and the human joystick [J]. *IEEE Transactions on Dependable and Secure Computing*, 2019, 18(2): 550-562.

[6] Cureton P, Dunn N. Digital twins of cities and evasive futures [M] // *Shaping smart for better cities*. Academic Press, 2021: 267-282.

[7] Dionisio J D N, III W G B, Gilbert R. 3D virtual worlds and the metaverse: Current status and future possibilities [J]. *ACM Computing Surveys (CSUR)*, 2013, 45(3): 1-38.

[8] Elmirzaev S E . Tax Risk Assessment and Management in Private Sector: Evidence from Uzbekistan [J]. *SSRN Electronic Journal*, 2015.

[9] Langen F N. Concept for a virtual learning factory [D]. *University of Twente*, 2017.

[10] LanminGU,Xianfeng YAN. Analyse of Tax Risk for University-Owned Industry of China [J]. *Canadian Social Science*,2012,8(3):83-86.

[11] Blackwell L, Ellison N, Elliott-Deflo N, et al. Harassment in social virtual reality: Challenges for platform governance [J]. *Proceedings of the ACM on Human-Computer Interaction*, 2019, 3(CSCW): 1-25.

[12] Lee L H, Braud T, Hosio S, et al. Towards augmented reality-driven

human-city interaction: Current research and future challenges [J]. *arXiv preprint arXiv*:2007. 09207, 2020.

[13] Lee L H, Braud T, Zhou P, et al. All one needs to know about metaverse: A complete survey on technological singularity, virtual ecosystem, and research agenda [J]. *arXiv preprint arXiv*:2110. 05352, 2021.

[14] LHLee,TBraud,PZhou. All one needs to know about Meta-verse:A complete survey on technological singularity virtual ecosystem,and research Agenda [J]. *Later Class Files*,2021.

[15] Neuman S S, Omer T C, Schmidt A. Assessing Tax Risk: Practitioner Perspectives [J]. *Social Science Electronic Publishing*, 2015(3):1-64.

[16] Plasencia D M. One step beyond virtual reality: connecting past and future developments [J]. *XRDS: Crossroads, The ACM Magazine for Students*, 2015, 22(1): 18-23.

[17] Shtiller M V, Nazarova V L, Selezneva I V, et al. Tax risks in the company's accounting system: Essence,identification and control [J]. *International Journal of Economics & Financial Issues*, 2016, 6(4):1791-1797.

[18] Vladimir N. Vapnik. The Nature of Statistical Learning Theory [M]. *Springer, New York, NY*,1995.

[19] Viljoen S. The promise and limits of lawfulness: Inequality, law, and the techlash [J]. *Journal of Social Computing*, 2021, 2(3): 284-296.

[20] Wang J, Yu X Q, Li P, et al. The research and application of tax risk identification based on PSO-BP algorithm [C]. *International Conference on Audio. IEEE*, 2017.

[21] Wunder H F. Tax risk management and the multinational enterprise [J]. *Journal of International Accounting, Auditing & Taxation*, 2009, 18(1):14-28.

附 录

SVM的Matlab程序:

```
tic
clc
clear
load label.txt
load data.txt
 [row, col]=size(data);
% data=data(:, [1, 2, 3, 4, 5, 6, 18])
data=data';
% for k=[1:7]        %指标标准化
%     data(k, :)=(data(k, :)-min(data(k, :)))/(max(data(k, :))-min(data(k, :)));
% end
data=data';
mydata=data;

for i=1:row

high=mydata(1:40, :);
mid=mydata(41:70, :);
low=mydata(71:78, :);
```

```
test=mydata(i, :);
num=nchoosek(1: 3, 2);
if i>=1&i<=40
high(i, :)=[];
end
if i>=41&i<=70
mid(i-40, :)=[];
end
if i>=71&i<=78
low(i-70, :)=[];
end
Training={high, mid, low}
SVM1=cell(size(num, 1), 1);
for k=1: size(num, 1)
    t1=Training{num(k, 1)};
    t2=Training{num(k, 2)};
    SVM1{k}=svmtrain([t1; t2], [ones(size(t1, 1), 1); zeros(size(t2, 1), 1)], 'Kernel_function', 'polynomial', 'polyorder', 1);
end
for kk=1: size(test, 1)
for k=1: length(SVM1)
result(k)=svmclassify(SVM1{k}, test(kk, :));
    temp(k)=num(k, 1).*result(k)+num(k, 2).*~result(k);
end
results(kk)=mode(temp, 2)
end
countError = sum(abs(results-label(i))~=0);
sampleNum = size(label(i), 1);
    error1 = countError/sampleNum
TestingAccuracy(i) = 1-error1
```

```
end
z=sum(TestingAccuracy)
zAccuracy=z/row

% danhe=sum(TestingAccuracy(1: 34))/34
% li=sum(TestingAccuracy(35: 123))/89
% linba=sum(TestingAccuracy(124: 172))/49
% tt=[danhe, li, linba, zAccuracy]
%   toc
% test=[0.0628    0.7837   4.4113   3.1825   0.5477
% .................................%        ]
% for kk=1: size(test, 1)
%       for k=1: length(SVM1)
%            result(k)=svmclassify(SVM1{k}, test(kk, :));
%            temp(k)=num(k, 1).*result(k)+num(k, 2).*~result(k);
%       end
%       results(kk)=mode(temp, 2)
% end
```

后　记

　　疫情发生以来,人们的工作和生活都发生了很多改变,时代对数字政府的发展要求更高。在共同富裕的愿景下,高净值人群的税收问题,特别是娱乐行业的税收风险管理都是值得关注的社会问题,因此本书包含了本人参加工作以来的经验和持续研究成果。

　　在此我有很多想要感谢的人。首先,感谢我的博士后指导教师李清老师,本书理论模型部分出自我在博士后期间的研究内容,李老师在我的博士后学习期间给予了我莫大的帮助。其次,感谢吉林财经大学税务学院张巍院长,来到税务学院以来张院长总是鼓励我,帮助我,从文献综述到项目书撰写,她的耐心指导使我在科研方面少走了不少弯路。感谢税务学院的每一位老师,经常无私的为我答疑解惑,从他们身上我看到了师者的力量,我看到了高校教师对学生最无私的爱。

　　感谢我的学生们,他们在论文文献搜集,初稿整理上作出了巨大贡献,他们是:2017级王维、2018级赵新新和朱文婧、2019级郭康淼、王薇涵和刘梓辰以及本人指导的研究生谢佳明,几位学生的好学精神给我留下了深刻的印象。本书得到了我到吉林财经大学以来的师父张松教授、上海金澄律师事务所税务合伙人汪蔚青老师和西藏日喀则市定结县发展和改革委副主任任希和的大力帮助。在此,一并感谢张松老师、汪蔚青老师、任主任和上述几位学生的辛勤付出。

　　感谢我的父母,公婆,他们在孩子出生后,帮忙照看孩子,让我能够有时间去学习去工作,感谢他们对于家庭的辛勤付出;感谢我过去在税务局的同事，在我论文收集数据样本和构思期间，在我教学过程中遇到实际问题，我的这些曾经的同事给予了我大量的帮助，衷心感谢他们。

　　为师以来我始终怀着一颗敬畏之心，认真备好课，守好一段渠。未来，我将怀着一颗感恩的心，怀着对美好生活的向往之情，一如既往、踏实的付出，积极的思考，立定目标，奋勇前行！

2022年3月21日于吉林长春